Un Amor que Vale la Pena Esperar

Mariangeli Morauske

Copyright © 2025 por Mariángeli Morauske.

Mariángeli Morauske, MD, MACP., MAPM., Ch., afirma el derecho moral a ser identificada como la autora de esta obra.

Diseño gráfico y composición: Mariangeli Morauske

Imagen de portada: Inteligencia Artificial. No corresponde a personas reales.

Impreso en los Estados Unidos de América. Todos los derechos reservados. Pie de imprenta: Publicado de forma independiente.

Ninguna parte de este libro puede ser reproducida, almacenada en un sistema de recuperación o transmitida en cualquier forma o por cualquier medio, electrónico, mecánico, fotocopia, grabación, escaneo o de otro tipo, sin el permiso previo por escrito del autor, a excepción de citas cortas utilizadas en reseñas críticas o artículos. El permiso se puede solicitar poniéndose en contacto con el autor por correo electrónico a endtimessequence@aol.com.

A no ser que se indique lo contrario, todas las citas de la Sagrada Escritura están tomadas de la versión Reina-Valera 1960.

Las citas de Elena G. de White son de la colección en línea de sus escritos disponibles en www.egwwritings.org. Derechos de autor © 2025 de Ellen G. White Estate, Inc. Utilizado bajo las disposiciones de uso justo de la ley de derechos de autor de EE. UU. Todos los derechos reservados.

ISBN: 979-8-89860-257-4 Paperback

Un Amor que Vale la Pena Esperar: Felices para Siempre

Tabla de contenidos

Dedicación 5

Unas palabras para el lector 7

Capítulo 1 El noviazgo: ¿un preludio sagrado o un juego peligroso?... 11

   Un paseo entre rosas y espinas 11

   10 señales de que estás saliendo a la manera de Dios 13

Capítulo 2 Fracaso antes de los votos: Por qué las buenas intenciones sin Dios están destinadas al fracaso 25

   Por qué fracasan las buenas Intenciones 27

   Camino de Dios: Lento. Sagrado. Guiado por el espíritu 31

Capítulo 3 Del "sí, quiero" al "no puedo": las Verdaderas Razones por que fracasa el Amor 37

   5 asesinos silenciosos del matrimonio 40

   El plan de Dios para el amor que perdura 43

Capítulo 4 Las grietas antes del Voto: heridas no curadas en las uniones sagradas 49

   Grietas ocultas que rompen un pacto 52

   Cómo reparar las grietas antes de que colapsen la casa 57

Un Amor que Vale la Pena Esperar: Felices para Siempre

Capítulo 5 Construyendo sobre la arena: Por qué la Pasión sin Principios destruye el Matrimonio 59

    5 señales de advertencia de que estás construyendo sobre arena... 61

Capítulo 6 La Erosión Silenciosa: Cómo las Pequeñas Cosas Socavan un Matrimonio Antes de que Comience 77

    Los pequeños zorros que estropean el gran amor 78

    Restauración de los cimientos: ladrillo a ladrillo 83

Capítulo 7 Cuando las banderas rojas visten vestidos blancos: Discernimiento antes de decir 'Sí, acepto' 91

    7 Señales de Alerta que el Espíritu Santo Quiere que Veas........ 92

Capítulo 8 Lazos del alma y lazos sagrados: conexiones emocionales que sanan o dañan 99

    Signos de un lazo del alma poco saludable 100

    Una cadena rota por Cristo 105

Capítulo 9 El arte de esperar: Cómo Dios prepara los corazones para el Amor Santo" 119

    ¿Qué pasa en la espera?... 120

Capítulo 10 El amor verdadero espera: pureza, poder y el propósito de salvarte a ti mismo... 131

    Por qué la pureza sigue siendo Importante 132

    Cómo proteger tu pureza (o empezar de nuevo).................... 135

Capítulo 11 Historias de amor escritas por Dios: ¿Qué sucede cuando le dejas elegir?... 141

    5 señales de una historia de amor escrita por Dios................ 143

    Cuando Dios elige, también sostiene 149

Un Amor que Vale la Pena Esperar: Felices para Siempre

Capítulo 12 Antes de decir que sí: Preguntas que debe hacer antes de casarse 151

   10 preguntas que debes hacerte antes de decir que sí 152

Capítulo 13 El amor después del sí: qué esperar y cómo prepararse para el compromiso 159

   7 cosas que puedes esperar durante el compromiso y cómo prepararte 161

Capítulo 14 El matrimonio en misión: ¿Qué sucede cuando dos se convierten en uno en Cristo? 169

   5 verdades sobre los matrimonios del Reino 171

Capítulo 15 El primer año: Cómo construir sin romperse 181

   Qué esperar en el primer año (y cómo construir correctamente) 183

Capítulo 16 Protegiendo su pacto a prueba de crisis: Cómo resistir cuando llega la tormenta 195

   7 crisis que pueden sacudir un matrimonio 197

   Cómo hacer que tu pacto sea a prueba de crisis 203

   3 Promesas del Pacto para la Tormenta 206

Capítulo 17 Cuando el amor es difícil: Gracia para los matrimonios en modo de supervivencia 209

   Señales de que tu matrimonio puede estar en modo de supervivencia 212

   ¿Qué hacer cuando el amor se siente difícil? 217

   Cómo se ve la gracia en el matrimonio 222

Un Amor que Vale la Pena Esperar: Felices para Siempre

Capítulo 18 Cuando estás casado con alguien que no comparte tu fe 229

    Lo que significa estar en yugo desigual 230

    Cómo amar a alguien que no comparte tu fe 234

    ¿Y los niños? 239

    Maneras prácticas de nutrir el crecimiento espiritual 240

Capítulo 19 Dios en lo mundano: Encontrar el cielo en los platos, la ropa sucia y las facturas 245

    Donde el cielo se encuentra con lo cotidiano 247

    Cómo invitar a Dios a lo cotidiano 253

Capítulo 20 El hogar lleno de oración: Cómo construir un ambiente donde mora el Espíritu 259

    ¿Por qué la oración cambia la atmósfera? 261

    5 hábitos de un hogar lleno de oración 265

Capítulo 21 Dejando un legado: el amor que resuena en la eternidad 271

    El poder de un legado piadoso 273

    Cómo construir un matrimonio que resuene más allá de ti 278

Capítulo 22 El cielo en casa: Un último encargo para los jóvenes enamorados 285

    ¿Cómo es el cielo en casa? 286

Inventario prematrimonial 295

Conoce al Autor 297

Bibliografía 305

Un Amor que Vale la Pena Esperar: Felices para Siempre

Dedicación

A mis queridos hijos Leilani y Josiah,

Ustedes dos son la melodía en mi corazón, la luz del sol en mis días y el ritmo constante que me lleva a través de la sinfonía de la vida.

Leilani, mi flor radiante, tu gracia y tu fuerza me recuerdan cada día que la belleza florece, incluso en los lugares más inesperados. Tu espíritu bondadoso y tu mente inquisitiva son un testimonio de cuán profundamente el mundo es bendecido por tenerte en él. **Josías,** mi valiente soñador, eres mi ancla y mi aventurero. Tu risa es la música más dulce, y tu curiosidad infinita enciende una chispa en todos los que te rodean.

Cada momento que paso con ustedes dos, veo un reflejo del amor perfecto de Dios, un amor que enseña paciencia, nos llena de alegría y nos llama a ser la mejor versión de nosotros mismos. Me has enseñado lecciones que ningún libro o clase podría haber dado. Desde los destellos en tus ojos hasta la forma en que confías tan libremente, me inspiras a ver la vida a través de una lente de esperanza y asombro.

Esto es solo un susurro de lo que mi corazón tiene para ustedes dos. Ustedes son mi legado, mi alegría y mis mayores tesoros. Con cada respiro que tomo y cada oración que susurro, sepan que son profundamente amados más allá de toda medida, no solo por mí, sino por Aquel que los creó tan perfectamente. –Mamá.

Un Amor que Vale la Pena Esperar: Felices para Siempre

Un Amor que Vale la Pena Esperar: Felices para Siempre

Unas palabras para el lector

Un viaje vivo y en evolución

Cada libro tiene una historia detrás de su historia, una que comienza mucho antes de que se escriba la primera palabra y continúa mucho después de pasar la última página. Este libro no es una excepción. No se escribió simplemente; se vivió, se lloró, se oró y nació de las profundidades de la experiencia personal, la convicción espiritual y un deseo implacable de compartir verdades que pueden transformar.

Al comenzar a pasar estas páginas, quiero extenderles una invitación sincera: caminen conmigo, no solo a través del texto, sino a través del viaje que lo vio nacer. Lo que estás a punto de leer es más que un manuscrito; es un testimonio vivo. Es un tapiz tejido con percepciones, imperfecciones, claridades y preguntas. Refleja lo que he visto, aprendido y llegado a creer hasta este punto de mi viaje. Pero no es la última palabra.

Este es un libro vivo y en evolución.

Errores y correcciones

Aunque he leído estas palabras con mucho cuidado, soy plenamente consciente de que pueden quedar algunos errores. Ya sea gramatical, tipográfico o incluso interpretativo, reconozco la posibilidad de error humano. Si notas algo que necesita ser corregido, doy la bienvenida a tu gracia y a tu voz. Por favor, no dude en enviarme un correo electrónico a **endtimessequence@aol.com**. Con mucho gusto haré las correcciones necesarias en futuras ediciones y, con su permiso, honraré su contribución dándole crédito. Su ayuda enriquece el mensaje para los futuros lectores.

Una comprensión cada vez mayor

Lo que leerás aquí es el fruto de mi comprensión actual, sincera y reflexiva, pero no definitiva. Mi interpretación de las verdades espirituales es progresista. Como cualquier estudiante de la vida y de la fe, estoy en constante crecimiento, siempre escuchando y abierto a recibir más luz. A medida que Dios me enseña a través de Su Palabra, a través de las personas y a través de la experiencia, algunas percepciones pueden profundizarse o cambiar. Este libro, por lo tanto, es una instantánea de dónde estoy ahora, agradecido por lo lejos que he llegado y consciente de que el viaje aún se está desarrollando.

Te invito a leer no solo con la mente, sino con el corazón. Reflexionar, luchar, cuestionar y aplicar. Este libro está destinado a hablar al alma, a agitar el espíritu y a construir algo hermoso en el espacio sagrado del hogar y la familia. Su lectura no es el final de este trabajo, sino parte de su propósito mismo.

Así que gracias. Gracias por estar aquí. Gracias por darles a estas páginas un lugar en tu vida. Y gracias por ser parte de algo que todavía está creciendo, que todavía está llegando, que todavía se está convirtiendo.

Un Amor que Vale la Pena Esperar: Felices para Siempre

Bienvenidos a este viaje. Que sea tan vivificante para ti leer como lo fue para mí escribirlo.

Con gratitud,
Mariangeli **Morauske**

# Un Amor que Vale la Pena Esperar: Felices para Siempre

CAPÍTULO 1 El noviazgo: ¿un preludio sagrado o un juego peligroso?

"¿Andarán dos juntos, si no se ponen de acuerdo?" - Amós 3:3

Un paseo entre rosas y espinas

Hay una estación en la vida que viene con mariposas en el estómago, notas escritas a mano, miradas robadas y oraciones secretas susurradas bajo las estrellas. Es el momento en que un corazón comienza a anhelar compañía, y esa temporada es el noviazgo.

Para muchos, las citas están pintadas en tonos de romance, poesía y pasión. Promete alegría, cercanía y descubrimiento. Sin embargo, para otros, se convierte en un camino sinuoso lleno de confusión, lágrimas y cicatrices. Algunos comienzan con sueños de "para siempre" y terminan en ruinas emocionales. ¿Por qué?

Pero el mundo ha perdido el significado sagrado de lo que significa amar de verdad y, lo que es más importante, prepararse para ello.

¿Amor o enamoramiento?

Un Amor que Vale la Pena Esperar: Felices para Siempre

En nuestro mundo moderno, las citas a menudo comienzan demasiado pronto, se mueven demasiado rápido y se sumergen demasiado profundamente, emocional, física y espiritualmente, sin hacer las preguntas más importantes.

Las citas, en el plan de Dios, no se tratan de juegos emocionales o de pasar el tiempo. Es un preludio sagrado, un camino de discernimiento. Un tiempo para *prepararse* para la alianza humana más importante: el matrimonio.

Elena G. de White advirtió hace mucho tiempo: "Si aquellos que están contemplando el matrimonio no quieren tener reflexiones miserables e infelices después del matrimonio, deben hacer de ello un tema de reflexión seria y seria ahora." – *The Adventist Home*, p. 43

Demasiados tratan las citas como un juego, no como una misión sagrada. Los sentimientos se convierten en dioses. Las emociones conducen, no la razón. Y a menudo, la voz de Dios es ahogada por la emoción de la persecución.

Noviazgo: El propósito de Dios

En el plano divino, el noviazgo no está destinado a *entretener el corazón*, sino a *prepararlo para el amor del pacto*. Es una ventana, no un destino. Un tiempo de observación orante, no de indulgencia sensual.

"El que halla esposa halla el bien, y alcanza la benevolencia de Jehová."– Proverbios 18:22

Un Amor que Vale la Pena Esperar: Felices para Siempre

Esto implica búsqueda, intención, oración y favor divino. No es un deambular casual de mano en mano.

Proceda con precaución

El matrimonio es un pacto para siempre, un juramento vinculante entre tres: el hombre, la mujer y Dios. Por lo tanto, las citas raras veces deben tomarse a la ligera.

Elena White habla solemnemente: "Mejor, mucho mejor, romper el compromiso antes del matrimonio que separarse después, como muchos hacen." – *The Adventist Home*, p. 48

Si hay señales de alerta durante el noviazgo, si hay dolor, control, manipulación, caminos espirituales en yugo desigual, no asumas que el matrimonio sanará la herida. No lo hará. Lo profundizará.

10 señales de que estás saliendo a la manera de Dios

Aquí hay una exploración ampliada y profunda de las 10 señales que revelan que estás saliendo a la manera de Dios. Cada señal no es simplemente una lista de verificación, es un camino hacia una relación que refleja el corazón de Dios. A medida que leas, que veas cómo buscar la guía divina, recurrir a la sabiduría bíblica y aceptar la responsabilidad, puede transformar tu relación en un ministerio de amor y propósito.

Un Amor que Vale la Pena Esperar: Felices para Siempre

1. Ambos buscan a Dios primero, no el uno al otro

Cuando una relación está enraizada en una búsqueda mutua de Dios, sienta las bases para un amor construido sobre un fundamento sagrado. Este enfoque prioriza la búsqueda de Su presencia y guía juntos en lugar de centrarse únicamente en las necesidades individuales o los sentimientos románticos. A través de la oración compartida, el estudio de las Escrituras y un deseo unificado de cumplir el propósito de Dios en sus vidas, ambos alinean sus corazones con Su voluntad. Como en la Biblia, dice bellamente en Mateo 6:33:

"Mas buscad primeramente el reino de Dios y su justicia; y todas estas cosas os serán añadidas".

Cuando tanto el corazón como la mente están alineados en adoración y obediencia, su unión se vuelve menos para llenar un vacío y más para reflejar el amor divino. Por ejemplo, imagina que están decidiendo un futuro hogar juntos. En lugar de tomar decisiones basadas únicamente en gustos personales o tendencias pasajeras, apartas tiempo para orar y buscar la visión de Dios. Esta práctica une sus corazones en un propósito y profundiza la confianza en el camino que Él ha puesto ante ustedes.

2. Los límites se respetan, no se ponen a prueba constantemente

Los límites saludables son como las cercas que protegen un jardín fértil; preservan la integridad de lo que Dios ha comenzado en ti. En una relación que honra a Dios, ambos miembros de la pareja acuerdan lo que es apropiado (físico, emocional y espiritual) y cultivan intencionalmente la autodisciplina.

La Biblia advierte en *1 Corintios 6:18*: "Huid de la fornicación. Cualquier otro pecado que el hombre cometa, está fuera del cuerpo; mas el que fornica, contra su propio cuerpo peca."

Elena G. de White también enseña que el dominio propio es una salvaguarda contra la erosión del carácter de uno. Pensemos en una pareja que habla abiertamente de sus limitaciones y acuerda posponer las expresiones físicas de amor hasta el matrimonio. Esta elección no solo honra el designio de Dios, sino que también genera confianza y respeto mutuo, asegurando que ambas personas se sientan seguras, valoradas y comprendidas.

3. Rezan juntos antes de tomar decisiones

La oración es la conversación íntima con Dios que une tus espíritus y aclara tu visión. Cuando hacen una pausa como pareja para buscar la guía divina en cada decisión importante, ya sea sobre finanzas, cambios de carrera o asuntos familiares, se convierte en un testimonio de su fe compartida. Como *nos insta 1 Tesalonicenses 5:17*: "Orad sin cesar".

Un Amor que Vale la Pena Esperar: Felices para Siempre

Elena G. de White observó una vez: "Cuando dos corazones están unidos en oración, las obras del espíritu les dan poder para vencer incluso las dificultades más graves". Imagina un escenario en el que surge una oportunidad profesional que podría separarte geográficamente. En lugar de sucumbir a la ansiedad o tomar una decisión apresurada, se unen en oración, pidiéndole a Dios que los aclare. La paz que sigue no se trata solo de resolver la decisión, sino que se convierte en una piedra angular de su relación, afirmando que sus vidas están profundamente entrelazadas con Su voluntad.

4. Tus padres y mentores espirituales están involucrados

Una relación que es verdaderamente guiada por Dios da la bienvenida al consejo de aquellos que han caminado por el camino antes y conocen bien Sus caminos. Involucrar a los padres y mentores espirituales aporta sabiduría, responsabilidad y apoyo.

Las Escrituras nos recuerdan en *Proverbios 11:14*: "Donde no hay dirección sabia, caerá el pueblo; Mas en la multitud de consejeros hay seguridad."

Por ejemplo, una pareja joven que se enfrenta a una decisión difícil podría recurrir a un anciano de confianza de la iglesia o a sus padres en busca de consejo. Esto valida sus elecciones con una visión piadosa y teje la relación en un tapiz más amplio de fe y comunidad. Elena G. de White enfatizó que "cuando se busca el consejo de consejeros piadosos, la clara luz de la verdad ilumina el más oscuro de los dilemas". La participación de los mentores cementa una tradición de humildad y discernimiento colectivo.

5. Tu comunicación es abierta y honesta

La transparencia en la comunicación es el latido del corazón de cualquier relación saludable. Cuando dices tu verdad con amor y escuchas con empatía, creas un espacio donde ambos corazones pueden florecer. La Biblia aconseja en *Proverbios 15:1*: "La blanda respuesta quita la ira; Mas la palabra áspera hace subir el furor."

Elena G. de White también enfatizó que cultivar la honestidad nutre el alma y edifica el carácter. Piensa en un momento en el que te enfrentaste a una decepción o a un malentendido. Ser capaz de compartir sus sentimientos con honestidad, sin temor a ser juzgados o tener agendas ocultas, permite que ambos miembros de la pareja aborden los problemas de frente y crezcan juntos. Este tipo de comunicación directa no solo evita el resentimiento, sino que también mejora la intimidad y el respeto mutuo.

6. Estás desarrollando amistad, no solo cercanía física

Una relación centrada en Cristo está arraigada en una amistad profunda y duradera en lugar de una mera atracción física. El verdadero compañerismo refleja el amor de Dios, un amor paciente, amable y duradero. *Proverbios 17:17* ilustran esto maravillosamente: "En todo

Un Amor que Vale la Pena Esperar: Felices para Siempre

tiempo ama el amigo, y es como un hermano en tiempo de angustia."

Construir una relación de amistad significa participar en pasatiempos compartidos, servir juntos en su iglesia o simplemente pasar tiempo de calidad discutiendo sus sueños y luchas. Una pareja puede descubrir que el voluntariado en un refugio local brinda servicio comunitario y profundiza su conexión al alinear sus corazones con la compasión de Dios. Como señaló Elena G. de White, El fundamento de una relación duradera se establece en la amistad que une a dos almas en verdadera comunión.

7. No estás ocultando tu relación

Cuando una relación se basa en la honestidad y la piedad, no hay nada que ocultar. Compartir abiertamente su asociación con amigos, familiares y la comunidad de su iglesia es una poderosa declaración de fe e integridad. *Mateo 5:16* nos anima a vivir con transparencia: "Así alumbre vuestra luz delante de los hombres, para que vean vuestras buenas obras, y glorifiquen a vuestro Padre que está en los cielos."

Un ejemplo de esto podría ser una pareja que asiste con orgullo a la iglesia junta, participa en eventos comunitarios e incluso comparte su viaje en las redes sociales, no por vanidad, sino para inspirar a otros. Tal apertura no solo aumenta la responsabilidad, sino que también invita al aliento y la oración de una comunidad que lo apoya. Señala que tu relación es una confianza sagrada, bendita y visible ante Dios.

8. Estás creciendo espiritualmente, sin comprometer las convicciones

Una relación que honra a Dios no es un compromiso de tus valores, sino un catalizador para el crecimiento espiritual. Cuando el núcleo de su unión se basa en una convicción inquebrantable, ambos socios se comprometen a una vida de transformación continua.

El apóstol Pablo exhorta en *Romanos 12:2*, "No os conforméis a este siglo, sino transformaos por medio de la renovación de vuestro entendimiento, para que comprobéis cuál sea la buena voluntad de Dios, agradable y perfecta."

Elena G. de White nos recuerda que estar en la luz de la verdad, aun cuando sea difícil, es la verdadera prueba del carácter. Un ejemplo de esto podría ser un momento en el que uno de los miembros de la pareja se siente tentado a alejarse de sus principios debido a las presiones sociales. En lugar de ceder, la pareja opta por reforzar la oración, el estudio de la Biblia y el diálogo sincero, fortaleciendo así su determinación. Al hacerlo, honran sus convicciones y se inspiran unos a otros para acercarse más a Dios.

9. Confían el uno en el otro cuando están separados

Un Amor que Vale la Pena Esperar: Felices para Siempre

La confianza es el hilo invisible que mantiene unido el tejido de una relación. Cuando pueden estar separados, tal vez debido al trabajo, el estudio o el servicio, y al mismo tiempo seguir confiando en el vínculo que comparten, demuestran una profunda confianza en el designio de Dios.

Como está escrito en *Romanos 12:9*, "El amor sea sin fingimiento. Aborreced lo malo, seguid lo bueno."

Por ejemplo, considere un escenario en el que uno de los miembros de la pareja viaja para una conferencia o una obra ministerial. La comunicación y el estímulo mutuo durante este tiempo refuerzan su confianza e independencia, recordándole que la relación es segura, independientemente de la distancia física. Esta confianza, arraigada en la fe y en el entendimiento de que Dios es el guardián supremo de sus corazones, fortalece la unión y permite el crecimiento personal al tiempo que mantiene la intimidad.

10. Podrías irte con paz si Dios te lo pidiera

Tal vez el indicador más profundo de una relación que honra a Dios es la disposición a obedecer a Dios, incluso cuando eso significa separarse. Esto no es un signo de debilidad, sino de verdadera fuerza y profunda fe. Significa que tu compromiso no es con las comodidades efímeras de la afirmación humana, sino con la verdad eterna del llamado de Dios. Si bien la Biblia no

Un Amor que Vale la Pena Esperar: Felices para Siempre

proporciona un versículo directo sobre este aspecto, el principio está entretejido a lo largo de las Escrituras, recordándonos que la guía divina siempre debe tener prioridad sobre el deseo personal. En las palabras de Elena G. de White ella nos dice que cuando Dios te mande abandonar lo que aprecias, no te desmayes; el camino que Él abre es el camino de la paz perfecta.

Podría usted imaginarse tener que enfrentarse a una encrucijada en la que continuar con la relación podría significar comprometer las creencias fundamentales; si, a través de la oración y la reflexión, ambos miembros de la pareja disciernen que la separación es la voluntad de Dios, entonces hacerlo con un corazón pacífico se convierte en el acto más alto de obediencia. De esta manera, aprendes que el amor verdadero honra a Dios por encima de todo, incluso cuando eso significa dejar ir.

Salir a la manera de Dios no es una lista de reglas, sino un estilo de vida que cultiva la intimidad espiritual, la responsabilidad y la fe inquebrantable. Desafía a ambos miembros de la pareja a elevarse por encima de las atracciones transitorias y a buscar una relación marcada por el orden divino y el propósito eterno.

Como *Romanos 12:9* aconseja, "El amor sea sin fingimiento. Aborreced lo malo, seguid lo bueno." y como Elena G. de White nos recuerda en sus escritos, las verdaderas relaciones brillan con la luz del amor de Dios porque se basan en la obediencia, la oración y la voluntad de honrarlo por encima de todo.

Un Amor que Vale la Pena Esperar: Felices para Siempre

Abraza estas señales como peldaños hacia una relación que se convierte no solo en una unión de corazones, sino también en un testimonio vibrante de la gracia transformadora de Dios.

Que esta reflexión más profunda te inspire a cultivar una relación que sea a la vez apasionada y con propósito, un verdadero reflejo del camino de Dios.

Una oración para la temporada de citas románticas

Señor, enséñame a esperar en Tu tiempo. Ayúdame a no adelantarme a Tu plan ni a dejarme guiar por mis emociones. Que mi corazón sea guardado y guiado por Ti. Y si he de amar a alguien, que lo ame en Ti, para Ti y contigo. Amén.

PREGUNTAS DE REFLEXIÓN

1. ¿He hecho de Dios el centro de mi vida amorosa?

2. ¿Estoy saliendo con un propósito, o simplemente para sentirme amado?

3. ¿Me gustaría que alguien saliera con mi hijo o hija de la manera en que yo salgo?

4. ¿Qué diría Jesús acerca de la relación en la que estoy ahora?

 **ESCRIBE EN TU DIARIO**

Un Amor que Vale la Pena Esperar: Felices para Siempre

"Pasa un tiempo tranquilo reflexionando sobre tu enfoque actual de las relaciones y las citas. Escribe una carta a Dios, invitándolo a estar plenamente presente en esta área de tu vida. A medida que escribas, ten en cuenta lo siguiente:

- ¿Qué cambios podrían ocurrir si realmente pusiera a Dios en el centro de mi vida amorosa?

- ¿Cómo puedo alinear mis intenciones con un propósito mayor, en lugar de buscar validación o afecto temporal?

- Imagínese a mi hijo o hija observando mis elecciones de citas: ¿qué lección se llevarían y cómo me sentiría yo al respecto?

- Reflexiona sobre la perspectiva de Jesús: ¿qué podría Él aconsejar o elogiar amorosamente acerca de las decisiones que he tomado?".

Que esta carta sea un espacio para la honestidad, el crecimiento y la comprensión espiritual.

Un Amor que Vale la Pena Esperar: Felices para Siempre

Un Amor que Vale la Pena Esperar: Felices para Siempre

Capítulo 2 Fracaso antes de los votos: Por qué las buenas intenciones sin Dios están destinadas al fracaso

"Si Jehová no edificare la casa, En vano trabajan los que la edifican; Si Jehová no guardare la ciudad, En vano vela la guardia." – Salmo 127:1

Cuando la luna de miel termina en silencio

Bailaban bajo luces de hadas. Su vestido blanco brillaba a cada paso. Susurró los votos con manos temblorosas, con la voz cargada de emoción. Los invitados aplaudieron. El pastel estaba cortado. El beso lo selló todo.

Pero seis meses después, durmieron en habitaciones separadas.

Casado. Todavía joven. Sigue siendo hermoso. Pero profunda y desgarradoramente solo.

¿¿Qué pasó?

No fue un abuso. No era una infidelidad. Ni siquiera fue una gran pelea. Era algo más insidioso: **el descuido de los cimientos**. Construyeron una casa de sueños, pero sin ningún lecho de roca. Se veía fuerte por fuera, digno de Instagram. Pero llegaron las tormentas. Y las grietas se hicieron más profundas. El silencio se hizo más fuerte que

Un Amor que Vale la Pena Esperar: Felices para Siempre

la risa. Y el amor, o lo que habían confundido con él, se disolvió en una cohabitación adormecida.

"El Señor desea que Sus hijos tengan hogares de paz, de gozo y de oración. Pero muchos construyen sobre la arena del impulso y la emoción. Entonces se preguntan por qué todo se está cayendo a pedazos." – Adaptado de Elena G. de White, The Adventist Home, p. 28

Esta no es solo una historia. Son miles. Buena gente. Buenas intenciones. Pero una casa construida sin Dios y, por lo tanto, destinada a caer.

Historia: Carla y Luis — "Nunca lo vi venir"

Carla era una líder juvenil vibrante, siempre la primera en llegar y la última en irse. Luis era encantador, amable y apasionado por las misiones. Su noviazgo parecía perfecto: dos "niños de la iglesia", siempre rodeados de amigos y sonrisas.

No discutieron. Ellos dirigían la adoración juntos. Todos decían que estaban "destinados a ser". Pero en el fondo, Carla tenía dudas. A Luis no le gustaba rezar juntos, "demasiado incómodo", dijo. No le interesaba el estudio de la Biblia, no se abría emocionalmente y no hablaba de planes a largo plazo.

Pero Carla se dijo a sí misma: "Es un buen hombre, va a crecer. Tal vez después de que nos casemos...

Un Amor que Vale la Pena Esperar: Felices para Siempre

No lo hizo. Dos años después de casada, Carla se sentó frente a un consejero, con lágrimas rodando por sus mejillas. "Él nunca quiso a Dios", dijo. "Pensé que nuestro amor nos llevaría. Nunca me di cuenta de que lo llevaba solo".

Por qué fracasan las buenas Intenciones

La mayoría de las parejas no se casan con la intención de lastimarse mutuamente. No caminan por el pasillo pensando: *"Divorciémonos en cinco años"*. Pero muchos lo hacen. ¿Y la parte más triste? Las señales de advertencia a menudo estaban ahí, simplemente se ignoraban.

Vamos a desentrañar a los saboteadores silenciosos de las relaciones que comienzan con fuego y terminan con cenizas.

1. Falta de discernimiento prematrimonial

El matrimonio no es una curita espiritual. No cura las disfunciones del noviazgo, sino que los magnifica.

"Tómate el tiempo para sopesar el carácter y los hábitos de la persona con la que piensas unir tu destino de vida. Si no estás preparado para llevar la carga de su alma por la eternidad, no estás preparado para casarte con ellos" (Messages to Young People, p. 460).

Con demasiada frecuencia, la gente confunde la química con la compatibilidad, o el tiempo invertido con el

Un Amor que Vale la Pena Esperar: Felices para Siempre

compromiso. Dicen: *"Pero hemos estado juntos durante años"*. Sin embargo, años de caos no equivalen a una vida de alegría. La claridad es más importante que la historia.

2. Expectativas románticas, realidades poco realistas

Muchos piensan que el amor significa *nunca sentirse solo, nunca estar en desacuerdo o siempre sentir mariposas*. Pero estas expectativas son mitos.

"Engañoso es el corazón más que todas las cosas..." - Jeremías 17:9

El verdadero amor vive en lo cotidiano: en los platos, en la lavandería, en la paciencia para escuchar, incluso cuando se está cansado. Cuando las expectativas se basan en la fantasía, la realidad se siente como un fracaso.

3. Heridas infantiles sin cicatrizar

Los traumas de la infancia no desaparecen cuando dices "Sí, quiero". Si nunca aprendiste a comunicarte, a confiar, a procesar la ira, el matrimonio no te enseñará. Te expondrá.

"El baluarte del hogar es el carácter. Donde esto se descuida, todo se desmorona. Lo que traemos al matrimonio no es solo nuestro amor, sino también nuestras cicatrices" (The Adventist Home, p. 360).

Un Amor que Vale la Pena Esperar: Felices para Siempre

4. Relaciones espirituales en yugo desigual

Ser "espiritualmente atractivo" no es suficiente. Estar en llamas por Dios importa más que estar enamorado de alguien religioso.

"No os unáis en yugo desigual con los incrédulos; porque ¿qué compañerismo tiene la justicia con la injusticia? ¿Y qué comunión la luz con las tinieblas?" – 2 Corintios 6:14

Cuando uno está tratando de crecer espiritualmente y el otro está espiritualmente dormido, o peor aún, espiritualmente resistente, caminarán en direcciones opuestas. La unidad no puede florecer en oposición.

5. Apresurarse sin saber

Las citas rápidas suelen ser una desesperación emocional disfrazada de romance. Cuanto más larga sea la espera, más clara será la verdad.

El amor es un regalo divino, una semilla plantada por Dios mismo en el corazón humano. Como una planta de origen celestial, tiene el potencial de crecer y florecer, llenando nuestras vidas y relaciones con belleza, propósito y paz. Sin embargo, esta planta no es inmune al descuido; requiere nuestra atención constante, como un jardín que necesita cuidado diario para no marchitarse.

El amor no crece en la indiferencia ni se sostiene en la rutina; necesita el agua de la comunicación honesta, la luz

Un Amor que Vale la Pena Esperar: Felices para Siempre

del respeto mutuo y el abono de pequeños actos de bondad. Cada gesto de comprensión, cada palabra de aliento y cada decisión de sacrificio contribuyen a su desarrollo. Cuando descuidamos estos detalles esenciales, el amor comienza a perder su vitalidad, como una planta que se marchita por falta de cuidado.

Este llamado a "fomentar" el amor no solo implica mantenerlo vivo, sino también hacerlo prosperar. Así como un jardinero cuida su huerto con dedicación y paciencia, nosotros estamos llamados a invertir tiempo, esfuerzo y creatividad en nuestras relaciones, con el entendimiento de que el amor es un reflejo del carácter de Dios. Un amor bien cuidado puede soportar las tormentas de la vida, floreciendo incluso en medio de las pruebas.

Permitir que el amor celestial eche raíces profundas en nuestras vidas no solo transforma nuestras relaciones cercanas, sino que también impacta a quienes nos rodean. Es un testimonio viviente de la gracia y el poder de Dios obrando en nosotros. Cultivar el amor no es una tarea fácil, pero cuando lo hacemos con fidelidad, experimentamos las bendiciones de una vida en la que el amor no solo sobrevive, sino que prospera y se convierte en un reflejo de la eternidad. ¿Qué actos de cuidado podrías sembrar hoy en tu jardín de relaciones para que esta planta divina florezca? ¡No esperes para nutrirla!

Un jardín debe ser regado, observado, probado, podado, no arrojado a una tormenta antes de que sus raíces estén listas. Del mismo modo, una relación debe crecer a lo largo de las estaciones: risas, dificultades, confrontación, silencio. Si no puede soportar las estaciones del cortejo, no puede sobrevivir a los inviernos del matrimonio.

Camino de Dios: Lento. Sagrado. Guiado por el espíritu.

A continuación, se muestra una exploración ampliada y profunda del **Camino de Dios: Lento. Sagrado. Guiado por el espíritu.** Esta reflexión invita a entender que Dios no se apresura con lo que atesora. Su tiempo es reflexivo, medido y lleno de propósito sagrado. A medida que procures construir una relación que lo honre, considera estas reflexiones y preguntas para guiar tu viaje.

El tiempo de Dios es deliberado y divino

El camino de Dios nunca es apresurado. Cuando llevó a Eva a Adán, el proceso no fue instantáneo, fue un acto medido y deliberado de arte divino. Este tiempo sagrado refleja el cuidado de Dios en crear relaciones que reflejen Su amor perfecto. Así como un artista maestro se toma su tiempo para completar cada trazo, Dios se asegura de que cada detalle de su vida y relaciones futuras esté orquestado con intencionalidad.

Proverbios 19:14 nos recuerda: "**La casa y las riquezas son herencia de los padres; Mas de Jehová la mujer prudente.**" Este versículo subraya que la sabiduría para

Un Amor que Vale la Pena Esperar: Felices para Siempre

elegir un cónyuge viene de Dios. Nos dice que una pareja piadosa no se encuentra por decisiones impulsivas, sino a través de un proceso marcado por la paciencia y el discernimiento.

Prudencia: intencional, no pasiva

La prudencia es más que un comportamiento cauteloso, se trata de vivir intencionalmente. Cuando caminas con Dios, naturalmente aprendes a moverte en el Espíritu, tomando cada decisión con cuidado reflexivo. En su búsqueda de un compañero de vida, no es suficiente simplemente encontrar a alguien con quien "hacer la vida". En cambio, buscas activamente una relación en la que cada momento sea tocado por un propósito divino.

Pregúntate:

- ¿Puedo adorar al lado de esta persona en espíritu y en verdad?
- ¿Puedo criar a los hijos en el temor de Dios con ellos?
- ¿Puedo envejecer y seguir rezando con ellos?

Estas preguntas te ayudan a evaluar si una relación potencial está edificada sobre un fundamento que honra a Dios. Le recuerdan que un matrimonio modelado según Sus caminos no se trata solo de compañerismo, sino también de una misión compartida: crecer juntos en la fe y reflejar el amor y el carácter de Cristo.

Un Amor que Vale la Pena Esperar: Felices para Siempre

Vivir un amor sagrado guiado por el Espíritu

Imagínese a una pareja que deliberadamente aparta tiempo no solo para disfrutar de la compañía del otro, sino también para buscar a Dios juntos. Pueden asistir a la Iglesia con regularidad, apoyarse mutuamente en el crecimiento espiritual mediante el estudio de la Biblia y la oración, y servir juntos en su comunidad. Su relación no es apresurada, sino que se cultiva lentamente, con cada momento impregnado de reverencia por el tiempo y la verdad de Dios. Esta es la esencia de una unión sagrada, guiada por el espíritu.

Cuando permites que Dios guíe tu corazón y tus decisiones, desarrollas una relación que refleja el amor de Cristo por Su Iglesia. El viaje puede ser lento, pero está lleno de momentos de profunda conexión, crecimiento y acción de Gracias.

El camino de Dios es lento, sagrado y guiado por el espíritu. Él no se apresura a lo que valora. En cambio, Él nos guía con intencionalidad divina, un proceso que transforma las relaciones ordinarias en pactos extraordinarios. Mientras busca pareja, recuerde mirar más allá de la mera conveniencia y la atracción fugaz. Indaga en la sabiduría de Dios con preguntas que exploren la profundidad de la compatibilidad espiritual, asegurándote de que tu relación se convierta en un testimonio vivo de adoración, crecimiento intencional y la presencia duradera de Dios en cada etapa de la vida.

Un Amor que Vale la Pena Esperar: Felices para Siempre

Que esta reflexión te guíe en la búsqueda y el cultivo de una relación que no solo sea amorosa, sino también profundamente alineada con el plan lento, sagrado y guiado por el espíritu de Dios.

Oración por la Sabiduría en el Amor

Padre, quiero más que sentimientos. Quiero sabiduría. Quiero un amor que sea profundo, probado, santificado y aprobado por Ti. Muéstrame lo que debo sanar. Muéstrame de qué debo alejarme. Muéstrame con quién puedo ser santo. Prepárame para el tipo de amor que te refleja. Amén.

PREGUNTAS DE REFLEXIÓN

1. ¿He ignorado las señales de alerta en nombre del amor o del tiempo invertido?

2. ¿Qué brechas emocionales o espirituales he pasado por alto en mi relación?

3. ¿Cómo ha influido mi familia de origen en mi forma de ver el matrimonio?

4. ¿Qué dice la Palabra de Dios acerca de la relación que estoy siguiendo?

Un Amor que Vale la Pena Esperar: Felices para Siempre

 ESCRIBE EN TU DIARIO

Describe el matrimonio de tus sueños. Ahora, haz una lista de los rasgos de carácter necesarios para sostener ese matrimonio. Pregúntate: ¿me estoy convirtiendo en ese tipo de persona? ¿Es mi pareja?

Un Amor que Vale la Pena Esperar: Felices para Siempre

Un Amor que Vale la Pena Esperar: Felices para Siempre

Capítulo 3 Del "sí, quiero" al "no puedo": las Verdaderas Razones por que fracasa el Amor

"Engañoso es el corazón más que todas las cosas, y perverso: ¿quién lo conocerá?" – Jeremías 17:9, RV

Lo que no vieron venir

Se dieron el "sí, quiero" con sonrisas temblorosas. La iglesia estaba llena. El pastel estaba dulce. Los votos eran sagrados. Y, sin embargo, tres años después, lo que ahora dicen es "no puedo". No puedo comunicarme. No puedo seguir perdonando. No puedo seguir esperando. No puedo seguir.

Nadie entra en matrimonio con la intención de salir. Pero muchos lo hacen. No porque no amaran, sino porque no entendían lo que realmente significa el amor. Algunos nunca aprendieron a quedarse cuando quedarse se puso difícil. Otros nunca sanaron de las heridas que llevaron al matrimonio como bombas emocionales de tiempo.

Así que van del pacto al colapso, susurrando: "Pensé que el amor sería suficiente".

Muchas relaciones se inician sin una base sólida de principios, llevadas más por el calor de las emociones y la atracción superficial que por el discernimiento espiritual y

Un Amor que Vale la Pena Esperar: Felices para Siempre

los valores duraderos. Cuando el amor se reduce al impulso de la pasión o a la impresión externa, la razón se opaca y el corazón pierde de vista el diseño divino que Dios tiene para el matrimonio. Estas uniones, aunque puedan parecer emocionantes en un principio, a menudo carecen de la profundidad necesaria para sostenerse cuando las emociones comienzan a disiparse.

El amor basado solo en emociones y apariencia no tiene raíces profundas; cuando los momentos intensos desaparecen, queda un vacío en el alma, un hambre por algo más significativo que solo puede ser satisfecho al alinearse con el propósito eterno de Dios. El matrimonio no fue diseñado para ser un contrato temporal fundado en el placer pasajero, sino una relación sagrada con un propósito celestial.

Dios nos llama a construir relaciones fundamentadas en principios divinos: amor sacrificial, respeto mutuo, paciencia y compromiso. Cuando el matrimonio sigue este plan, trasciende los desafíos y se convierte en una fuente de plenitud espiritual y emocional. Construir una relación sobre estos pilares asegura que, incluso en los momentos difíciles, habrá una base firme que sostenga el pacto.

Hoy tienes la oportunidad de fortalecer tu matrimonio o preparar tu corazón para el amor verdadero. Examina los principios en los que basas tus relaciones y busca alinear cada decisión y acción con el propósito de Dios. Porque cuando el matrimonio refleja los valores del cielo, no solo trae felicidad temporal, sino una satisfacción que perdura

Un Amor que Vale la Pena Esperar: Felices para Siempre

en esta vida y en la eternidad. ¡Es tiempo de buscar un amor que honre a Dios y edifique un hogar lleno de Su presencia

Historia: Cuando el amor no está hecho para durar

Mariana y Julio se conocieron en el coro de una iglesia. Estaba callada y pensativa; era encantador y lleno de vida. Su química era innegable. Se casaron después de diez meses de noviazgo.

Pero pronto, Mariana se dio cuenta de que a Julio no le gustaba rezar juntos, nunca compartía sus luchas y rara vez le pedía su opinión. Él, por otro lado, comenzó a sentir que ella era demasiado "pegajosa", demasiado "emocional" y que siempre esperaba que él fuera alguien que no era.

Después de un año de distanciamiento creciente, se encontraron hablando más con sus teléfonos que entre ellos. Su amor alguna vez se había sentido mágico. Ahora simplemente se sentía... pesado.

Se amaban. Pero su amor no fue suficiente. Porque le faltaba algo esencial: *el fundamento de Dios, la madurez emocional y la compatibilidad espiritual.*

Un Amor que Vale la Pena Esperar: Felices para Siempre

5 asesinos silenciosos del matrimonio

1. **Inmadurez emocional.** El matrimonio no arregla la inmadurez, sino que la expone.

Una persona que se cierra durante un conflicto no se convertirá en un gran comunicador después de la boda. Alguien que se niega a asumir la responsabilidad durante el noviazgo no crecerá repentinamente en el matrimonio.

"A menudo se da el caso de que los jóvenes ciegamente apasionados se casan apresuradamente, sólo para arrepentirse en el ocio." – Elena G. de White, *Messages to Young People*, p. 452

El matrimonio requiere responsabilidad a nivel adulto: regulación emocional, sacrificio, humildad y gracia. Si uno o ambos entran en el pacto emocionalmente subdesarrollado, la relación se sofoca bajo el caos emocional.

2. **Negligencia espiritual.** Un matrimonio sin oración es un matrimonio vulnerable a la presión.

"¿Andarán dos juntos, si no estuvieren de acuerdo?" - Amós 3:3

La desunión espiritual es una de las causas más subestimadas pero devastadoras de los conflictos. Cuando uno de los cónyuges quiere acercarse a Dios y el otro se resiste, se crea una lenta erosión emocional que a menudo termina en silencio o resentimiento.

El abandono espiritual también hace que las parejas sean más vulnerables a la tentación, el compromiso y el aislamiento emocional.

3. **El ídolo de la pasión.** Demasiados confunden el enamoramiento con el amor. Creen que la intensidad es igual a la intimidad. Pero el amor verdadero no se mide por mariposas, se mide por **elección**.

"El verdadero amor es un principio elevado y santo, completamente diferente en carácter de ese amor que es despertado por impulso y que muere repentinamente cuando se le pone a prueba severamente" (*The Adventist Home*, p. 50).

Cuando la fiebre de la pasión se desvanece, algunas parejas descubren que no han construido nada debajo. Nada de amistad. Sin confianza. No hay una misión compartida. Solo recuerdos de altibajos románticos y el doloroso contraste de bajones emocionales.

4. **Mala resolución de conflictos.** Muchos matrimonios no mueren por la presencia de un conflicto, sino por la incapacidad de resolverlo.

Un Amor que Vale la Pena Esperar: Felices para Siempre

Los estudios del Dr. John Gottman revelan que las parejas que permanecen casadas no son las que nunca pelean, sino las que **aprenden a pelear limpio.** Ellos escuchan. Pedir disculpas. Perdonar. Crecer. Los matrimonios se desmoronan cuando ambos miembros de la pareja explotan... o retirarse.

"Mejor es el que tarda en airarse que el fuerte; Y el que se enseñorea de su espíritu, que el que toma una ciudad." - *Proverbios* 16:32

5. **Ignorar las señales de alerta.** La mayoría de los matrimonios rotos alguna vez fueron noviazgos rotos, pero nadie quería decirlo en voz alta.

Mucha gente sabía que no funcionaría. Los amigos lo vieron. Los padres lo vieron. Incluso la persona que caminaba por el pasillo tenía un susurro en su alma que decía: *"Esto no es paz".*

Pero siguieron adelante de todos modos, impulsados por el tiempo invertido, el miedo a la soledad o el orgullo.

"Es mejor, mucho mejor, romper el compromiso antes del matrimonio que separarse después, como hacen muchos" (*The Adventist Home*, p. 48).

Un Amor que Vale la Pena Esperar: Felices para Siempre

¿Sabías que…?

La investigación del Proyecto Nacional de Matrimonio muestra que las parejas que cohabitan antes del matrimonio tienen un **33 % más de probabilidades de divorciarse** que las que esperan hasta después del matrimonio para vivir juntas. ¿Por qué? Porque el compromiso formado por conveniencia a menudo carece de la base de una toma de decisiones intencional y en oración. — Fuente: Proyecto Nacional de Matrimonio, Universidad de Virginia

El plan de Dios para el amor que perdura

Esta perspectiva te invita a ver el matrimonio no como un mero medio de supervivencia, sino como un pacto dinámico y transformador que refleja el amor de Cristo por Su Iglesia, marcado por la paciencia, el sacrificio y la fidelidad.

Abrazar un amor destinado a florecer

Dios no diseña el matrimonio simplemente para que dos personas coexistan día a día. En cambio, Su proyecto visualiza una unión que irradia Su carácter redentor. En Su plan, el matrimonio no se trata solo de manejar los desafíos de la vida, sino de *prosperar* juntos. Cuando un matrimonio refleja el amor de Cristo por la Iglesia, se convierte en un testimonio vibrante de Su gracia, atrayendo a otros a la belleza del amor sacrificial y duradero.

Efesios 5:25 declara claramente, "Maridos, amad a vuestras mujeres, así como Cristo amó a la iglesia, y se entregó a sí mismo por ella."

Este versículo encapsula el amor radical y generoso que debe definir un matrimonio de pacto. Llama al esposo a reflejar el amor incondicional de Cristo, un amor que abarca el sacrificio, el perdón y el compromiso inquebrantable. A su vez, el matrimonio en su conjunto se convierte en un reflejo activo de la relación de Cristo con su Iglesia.

Transformación a través de las pruebas

El matrimonio es un viaje que pone a prueba y refina todos los aspectos de tu carácter. Al entrar en este pacto, inevitablemente enfrentarán desafíos que pondrán a prueba su paciencia y expondrán sus tendencias egoístas. Estas pruebas no son indicadores de fracaso, sino oportunidades de crecimiento.

- **Refinamiento del carácter:** La asociación en el matrimonio revelará las áreas en las que necesitas crecer: tu temperamento, impaciencia o renuencia a perdonar. Sin embargo, estos momentos también son oportunidades para aprender la humildad, practicar la gracia y poner el amor en acción. En lugar de sucumbir

Un Amor que Vale la Pena Esperar: Felices para Siempre

a la frustración, apóyate en la oración y las Escrituras como guía para transformar las deficiencias en fortalezas.

- **Crecimiento de la paciencia:** La elección diaria de amar sacrificialmente requiere paciencia que solo el amor profundo y desinteresado puede nutrir. A medida que enfrentes grandes desafíos y pequeñas irritaciones, recuerda que cada oportunidad de perseverar es una prueba más de que Dios te moldea a la semejanza de Cristo.

- **Sanación y renovación:** Cuando Cristo es el centro de su matrimonio, su toque sanador puede reparar heridas profundas. Ya sea que el dolor provenga de decepciones pasadas o luchas continuas dentro de la relación, Su gracia ofrece una restauración que profundiza el gozo y fortalece el amor. De esta manera, cada prueba se convierte en un trampolín hacia una intimidad más profunda y madura.

Un pacto que refleja el amor de Cristo

El plan de Dios para el amor exige que el matrimonio vaya más allá del romance superficial. Visualiza una relación en la que cada faceta de la vida está impregnada de un propósito espiritual:

- **Amor paciente y sacrificial:** Su matrimonio está llamado a ser un sermón viviente, uno que proclama el perdón, el servicio y el compromiso inquebrantable.

Un Amor que Vale la Pena Esperar: Felices para Siempre

Al practicar este amor, dais testimonio de la paciencia de Cristo, que voluntariamente dio su vida por la Iglesia.

- **Un corazón de fidelidad:** Incluso cuando los desafíos parecen insuperables, mantener a Cristo en el centro transforma cada dificultad en una oportunidad para la fe. Esta firmeza no solo profundiza su vínculo, sino que también nutre un amor que sana y se sostiene con el tiempo.

- **Crecimiento en gozo y profundidad:** Con Cristo, como su piedra angular, los tramos inevitables del matrimonio se convierten en un paisaje donde florece el gozo, incluso en medio de las pruebas. Al alinear continuamente sus corazones con el amor de Dios, invitan a una mayor profundidad, intimidad y a la sanación de cualquier herida pasada.

De esta manera, el matrimonio sirve como un lienzo sobre el cual Dios pinta Su diseño magistral, un diseño que es a la vez delicado, poderoso y eternamente redentor.

El Plan de Dios para el Amor Duradero te desafía a ver el matrimonio como un viaje sagrado y transformador en lugar de un mero mecanismo de supervivencia. A través de pruebas que refinan su carácter, momentos que enseñan paciencia y un fundamento edificado sobre el amor sacrificial de Cristo, su matrimonio puede florecer y convertirse en un reflejo radiante de Su Iglesia. Acepte los desafíos como oportunidades para profundizar su amor,

Un Amor que Vale la Pena Esperar: Felices para Siempre

sanar sus heridas y reflejar verdaderamente el amor eterno que Dios tiene por todos Sus hijos.

Que esta reflexión te inspire a construir un matrimonio no solo para sobrevivir, sino para brillar como una verdadera imagen del amor duradero, paciente y transformador de Cristo.

Oración

Señor, enséñame cómo es el amor verdadero. No la versión del mundo, sino la tuya. Ayúdame a convertirme en el tipo de persona que puede amar como Tú lo haces: con sacrificio, sabiamente, con paciencia. Cúrame donde soy inmaduro. Hazme firme donde soy inestable. Y prepárame, y fortaléceme, para un matrimonio edificado sobre la Roca. Amén.

Un Amor que Vale la Pena Esperar: Felices para Siempre

Preguntas de reflexión

1. ¿Qué hábitos o heridas sabotearían un matrimonio si no se abordaran ahora?

2. ¿Cuán espiritualmente unido estoy (o estaría) con la persona con la que espero casarme?

3. ¿Alguna vez he confundido la pasión con el amor duradero?

4. ¿Escucho, me disculpo y perdono, o me cierro cuando las cosas se ponen difíciles?

 ESCRIBE EN TU DIARIO

Piensa en la versión de ti mismo que te gustaría que tu futuro cónyuge conociera. ¿Qué rasgos de carácter te harían un mejor esposo o esposa? ¿Qué tipo de amor daría? ¿Qué tipo de sanación necesitarías?

Capítulo 4 Las grietas antes del Voto: heridas no curadas en las uniones sagradas

"Si fueren destruidos los fundamentos, ¿Qué ha de hacer el justo?" – Salmo 11:3

Ante el altar, ya había dolor

Antes de que dijeran "Sí, acepto", había cosas que no decían.

No habló del abandono de su padre. No compartió su miedo a no ser amada(o). Regaron, amaron, planearon su boda… pero nunca revelaron verdaderamente sus corazones. Así que, cuando llegaron las tormentas, sus cimientos se resquebrajaron, no por lo que ocurrió en el matrimonio, sino por lo que quedó sin sanar antes.

Muchos entran en matrimonio sin reflexionar profundamente sobre la responsabilidad y el propósito que conlleva. Se dejan llevar por emociones intensas o presiones externas, pero no toman el tiempo necesario para construir una base sólida de principios y madurez espiritual. El resultado es que miles se unen en matrimonio pero no logran verdaderamente emparejarse en alma y propósito, convirtiéndose en compañeros de

Un Amor que Vale la Pena Esperar: Felices para Siempre

vida que no comparten un objetivo común ni el amor divino que transforma y sostiene.

Los matrimonios apresurados, motivados por impulso o conveniencia, a menudo terminan siendo fuentes de dolor y desilusión. Estas uniones descuidadas pueden estar marcadas por conflictos continuos, falta de armonía, y en última instancia, dejar profundas heridas en las vidas de los involucrados. Los libros del cielo llevan un registro de estas decisiones tomadas sin sabiduría ni dependencia en los principios de Dios, y reflejan los efectos desastrosos de no buscar Su guía antes de emprender un camino tan significativo.

Pero esta realidad no tiene por qué ser tu historia. Dios te llama a tomar el matrimonio como una unión sagrada, una alianza que refleja Su amor eterno y Su propósito para ti. Antes de dar este paso, busca Su dirección, edifica tu carácter, y prepárate para amar con compromiso y abnegación. Cuando un matrimonio se forma en la base sólida de la fe y los principios divinos, no solo trasciende las pruebas, sino que se convierte en una fuente de bendición y testimonio para el mundo.

Si ya estás casado o consideras el matrimonio en tu futuro, haz del propósito de Dios la piedra angular de tu relación. Dedica tiempo a construir una conexión verdadera que vaya más allá de las emociones pasajeras. Porque cuando dos almas se emparejan según el plan divino, su amor se convierte en una muestra del cielo en la tierra, y dejan un legado que perdura en el tiempo y en la eternidad. ¡Ahora

Un Amor que Vale la Pena Esperar: Felices para Siempre

es el momento de buscar un amor que realmente cumpla el propósito para el cual fue diseñado! Haz que tu matrimonio sea más que una unión; haz que sea una obra maestra de amor eterno.

En este capítulo, descubrimos lo que pocos quieren admitir: muchos matrimonios no fracasan por lo que las parejas se hacen el uno al otro, sino por lo que nunca sanaron *en sí mismos*.

Historia: La lucha bajo la superficie

Ricardo y Eliana se amaban profundamente. Pero cada desacuerdo se convertía en gritos. Ricardo se cerraba y se aislaba. Eliana la acusaba y se aferraba. Con el tiempo, el amor se convirtió en tensión.

En la consejería, quedó claro: Ricardo había crecido en un hogar donde el conflicto significaba peligro. El temperamento de su padre lo aterrorizaba. Así que ahora, cuando surgió el conflicto, escapó, emocional y físicamente.

Eliana, sin embargo, había sido descuidada emocionalmente cuando era niña. Su padre era amable pero distante. ¿Su mayor miedo? Ser ignorado. Así que cuando Ricardo se retiró, ella entró en pánico y se intensificó.

No estaban reaccionando entre sí, estaban reaccionando a sus *heridas*.

Un Amor que Vale la Pena Esperar: Felices para Siempre

Grietas ocultas que rompen un pacto

A continuación, se muestra una exploración en profundidad que se centra en el trauma no sanado, el apego inseguro, las visiones distorsionadas del matrimonio y la amargura y la falta de perdón. Estas verdades revelan que las profundas heridas internas y las percepciones desalineadas pueden afectar profundamente nuestra capacidad de experimentar y extender el amor de Dios en nuestras relaciones. Sin embargo, reconocer estos desafíos ofrece el primer paso hacia la sanación y la transformación antes o dentro de una unión entregada.

1. Trauma no curado

El trauma, ya sea derivado del abuso, la negligencia, la traición o el abandono, altera profundamente la forma en que amamos. Puede dejarnos cautelosos, ansiosos, reactivos o incluso demasiado dependientes. Como se refleja en una advertencia de *The Adventist Home* (p. 70): "Todos los que entran en la relación matrimonial deben estar completamente preparados para asumir sus responsabilidades." Pero Satanás está ocupado en apresurar a los jóvenes a casarse antes de que tengan experiencia y madurez".

El matrimonio, en sí mismo, no tiene el poder milagroso de curar estas heridas; más bien, puede magnificarlos si el trauma no se aborda. La verdadera sanación debe venir a través de una relación íntima y redentora con Dios. Sin esa sanación espiritual, ya sea a través del cuidado pastoral, el asesoramiento o la devoción personal, las cicatrices no resueltas del trauma pueden colorear todos los aspectos de su relación. A la luz de esto, se vuelve esencial confrontar y procesar el dolor del pasado con la gracia transformadora de Dios antes de invitar a ese quebrantamiento a un pacto de intimidad.

2. Apego inseguro

La teoría del apego nos recuerda que los vínculos que formamos en la infancia a menudo se reflejan en nuestras relaciones adultas. Los psicólogos describen varios estilos de apego:

- **Apego ansioso:** se caracteriza por un miedo constante al abandono.

- **Apego evitativo:** marcado por el miedo a acercarse demasiado.

- **Apego desorganizado:** una mezcla de ambos, a menudo como resultado de experiencias tempranas traumáticas.

- **Apego seguro:** donde las personas aprenden a amar y confiar mientras mantienen límites saludables.

Cuando uno o ambos miembros de la pareja no se sienten seguros en el amor, pueden sabotear inconscientemente la relación. El apego inseguro crea un ambiente en el que persisten la desconfianza y la ansiedad. Las Escrituras ofrecen tanto consuelo como corrección en 1 Juan 4:18: "En

Un Amor que Vale la Pena Esperar: Felices para Siempre

el amor no hay temor; pero el perfecto amor echa fuera el temor, porque el temor tiene tormento".

Un fundamento seguro, uno arraigado en el amor perfecto de Dios, requiere que ambos miembros de la pareja trabajen para sanar viejas heridas y aprender a confiar de nuevo. Este trabajo puede implicar sanación personal, consejería o búsqueda conjunta del crecimiento espiritual y relacional para que el miedo ya no dicte los términos del amor.

3. Visiones distorsionadas del matrimonio

Muchos de nosotros hemos crecido siendo testigos de modelos rotos de matrimonio. Estos puntos de vista distorsionados pueden imprimir patrones de control, silencio y luchas de poder, incluso cuando los rechazamos conscientemente. *The Adventist Home* proclama: "El hogar debe ser para los niños el lugar más atractivo del mundo, y la presencia de la madre debe ser su mayor encanto".

Sin un reajuste intencional de nuestra mentalidad, a menudo replicamos inconscientemente las dinámicas negativas que observamos en nuestros años de formación. En lugar de modelar el amor desinteresado y misericordioso ejemplificado por Cristo, podemos caer en patrones familiares y destructivos. Reclamar una visión saludable del matrimonio requiere una reorientación deliberada: ver el matrimonio como una relación de pacto basada en el respeto mutuo, el sacrificio y el poder

Un Amor que Vale la Pena Esperar: Felices para Siempre

renovador de la gracia de Dios. A medida que estudias intencionalmente las Escrituras, buscas consejo y te sumerges en ejemplos centrados en Cristo, tu percepción de lo que debería ser el matrimonio puede cambiar de un modelo roto a uno de posibilidad divina.

4. Amargura y falta de perdón

La ira no resuelta, ya sea dirigida a un ex, a un padre o a uno mismo, puede filtrarse en todos los aspectos de la vida, envenenando las relaciones de adentro hacia afuera. La amargura es como una raíz; si no se elimina, se multiplica y se propaga, afectando no solo su bienestar emocional, sino también la salud de su matrimonio. Hebreos 12:15 nos advierte: "Mirando diligentemente, no sea que alguno falte a la gracia de Dios; no sea que brotando raíz alguna de amargura os turbe, y por ella muchos sean contaminados".

Cuando la amargura se apodera de ella, crea un ciclo de falta de perdón que socava la confianza y la intimidad. Es por eso que el perdón diario e intencional es esencial. Abrazar el perdón de Dios significa elegir liberar las heridas del pasado en lugar de permitir que dicten tu presente. La verdadera libertad en el amor llega cuando arrancas la amargura y la reemplazas con la gracia, el entendimiento y la sanación que solo Cristo puede traer.

Los desafíos del trauma no sanado, el apego inseguro, los puntos de vista distorsionados del matrimonio, la

Un Amor que Vale la Pena Esperar: Felices para Siempre

amargura y la falta de perdón se erigen como obstáculos profundos para experimentar la plenitud del amor de Dios en nuestras relaciones. Si bien estos problemas pueden magnificar y perturbar un matrimonio, también señalan la necesidad urgente de una sanación interior, una sanación que debe provenir de una relación íntima y rendida con Dios. Llegar a un acuerdo con estas verdades y buscar activamente la transformación te prepara para construir una unión resistente, centrada en Cristo y capaz de soportar cada tormenta con gracia y compasión.

Que esta reflexión te empodere para enfrentar estos desafíos con valentía y oración, para buscar la plenitud de la sanación de Dios y para construir relaciones que reflejen Su amor transformador.

¿Sabías que…?

Según la **Asociación Americana de Psicología**, las parejas con traumas infantiles no resueltos tienen **3 veces más probabilidades** de divorciarse y significativamente más probabilidades de experimentar distanciamiento emocional, adicción o ciclos abusivos.

Pero las parejas que abordan las heridas emocionales, individualmente o juntas, tienen más probabilidades de construir matrimonios resistentes y duraderos. — APA, Estudio de Trauma y Matrimonio, 2019

Un Amor que Vale la Pena Esperar: Felices para Siempre

Cómo reparar las grietas antes de que colapsen la casa

1. **Haz el trabajo interno antes de la boda exterior.** Pregúntate: ¿Realmente me he enfrentado a mi historia?, ¿Sé cómo mi pasado moldeó mis patrones?

2. **Busca consejería piadosa, no solo sentimientos románticos.** La terapia, la mentoría espiritual y la autoconciencia son dones de Dios. Úsalas.

3. **Invita a Jesús a tus recuerdos.** Algunas heridas no se pueden arreglar por lógica. Sólo la gracia puede alcanzarlos.

4. **Sana antes de prometer.** Los votos más fuertes son hechos por personas enteras, o personas en el camino de la curación.

"A nadie se le debe permitir casarse hasta que haya establecido los cimientos de un carácter cristiano inteligente" (*Messages to Young People*, p. 439).

Oración

Señor, tú ves mi historia, cada herida oculta, cada lágrima no pronunciada. Ya no quiero cargar con lo que Tú moriste para sanar. Ayúdame a enfrentar los lugares rotos, no con vergüenza, sino con valentía. Constrúyeme en Ti, para que pueda amar como Tú. Y si me he de casar, que sea como

Un Amor que Vale la Pena Esperar: Felices para Siempre

una alma entera, dispuesta a amar profunda y sabiamente. Amén.

Preguntas de reflexión

1. ¿Qué heridas personales podrían llevar a un futuro matrimonio?
2. ¿Me he curado de la traición, el abandono o el abuso del pasado?
3. ¿De qué manera mi familia de origen sigue influyendo en mis relaciones hoy en día?
4. ¿Quién camina conmigo en mi viaje de sanación?

 ESCRIBE EN TU DIARIO

Escribe una carta a tú yo del pasado, la versión de ti que estaba herida, asustada o confundida. Habla palabras de verdad, sanación y afirmación. Luego escribe qué tipo de amor quieres construir ahora, y qué debes sanar para que suceda.

Capítulo 5 Construyendo sobre la arena: Por qué la Pasión sin Principios destruye el Matrimonio

"Todo aquel que viene a mí, y oye mis palabras y las hace, … es semejante…. al hombre que al edificar una casa, cavó y ahondó y puso el fundamento sobre la roca; y cuando vino una inundación, el río dio con ímpetu contra aquella casa, pero no la pudo mover, porque estaba fundada sobre la roca."– Lucas 6:47-49

Cuando el fuego no es suficiente

No podían quitarse las manos de encima. Sus textos ardían de añoranza. Sus charlas nocturnas se extendieron hasta el amanecer. "Simplemente hacemos *clic*", dijeron. Su pasión era embriagadora.

Pero a los seis meses de matrimonio, ese fuego se convirtió en discusiones. Celos. Control. Silencio.

La misma pasión que una vez los unió ahora prende fuego a todo.

Un Amor que Vale la Pena Esperar: Felices para Siempre

¿Por qué?

Porque construyeron una relación sobre la química sin carácter, sobre el romance sin rectitud, sobre el fuego sin fundamento.

Y cuando construyes sobre arena emocional, la primera tormenta lo derribará todo.

Historia: Los altibajos que se convirtieron en duelas

Ángela y Mateo se conocieron en un festival de música. Dijo que nunca había conocido a alguien que "simplemente la entendiera" de la manera en que lo hizo Mateo. Hablaron durante horas, profundizaron rápidamente y declararon su amor en dos semanas.

Se mudaron juntos antes de que terminara el año. Pero la pasión se convirtió rápidamente en posesión. Cada vez que Ángela hacía un nuevo amigo, Mateo se enfadaba. Necesitaba que lo tranquilizaran constantemente. Y cuando luchaban, era explosivo.

Pensaban que eran simplemente "intensos", "apasionados" y "artísticos". Pero lo que realmente habían sido era un *trauma no sanado, una conexión impulsada por la lujuria y cero bases espirituales.*

La casa tenía un aspecto romántico. Pero fue construido sobre arena.

Un Amor que Vale la Pena Esperar: Felices para Siempre

5 señales de advertencia de que estás construyendo sobre arena

Estas señales de advertencia llaman la atención no solo a la pasión o el romance superficiales, sino también a problemas más profundos que pueden debilitar los cimientos de su relación. Cuando una relación se basa en valores cambiantes, impulsos descontrolados o ignorando las amables advertencias de Dios, corre el riesgo de desmoronarse cuando surgen desafíos. Que estas percepciones te guíen a buscar un amor que se construya sobre el propósito, el autocontrol y la intimidad espiritual.

1. Pasión por encima del propósito

El amor sin propósito es como un coche sin destino: puede viajar rápido, encendido por las emociones, pero pronto pierde el rumbo. Con demasiada frecuencia, las relaciones son impulsadas únicamente por el calor de la pasión, sin un objetivo unificador o compromiso con un llamado superior.

El amor verdadero no se basa en el capricho del momento ni en emociones pasajeras; es un principio profundo, elevado y santo que trasciende cualquier prueba. Mientras que el amor nacido del impulso puede brillar con intensidad momentánea, también desaparece con la misma rapidez cuando enfrenta desafíos. Este amor impulsivo, aunque atractivo en el momento, carece de raíces profundas para sostenerse en tiempos de dificultad, dejando atrás desilusión y vacío.

Un Amor que Vale la Pena Esperar: Felices para Siempre

El amor genuino, en contraste, es un compromiso consciente que refleja el carácter divino. Es paciente, resiliente y fiel, porque no depende únicamente de cómo nos sentimos, sino de quién decidimos ser. Es un amor que actúa con propósito, que sacrifica y que persiste incluso en las tormentas más intensas. Tal amor no teme las pruebas; al contrario, las utiliza como oportunidades para fortalecerse y crecer en profundidad y significado.

Este principio no solo transforma relaciones, sino que también revela la esencia del plan de Dios para el amor. No es una emoción volátil, sino una fuerza intencional diseñada para sostener a las almas y construir legados eternos. Dios llama a cada uno de nosotros a buscar y vivir este tipo de amor: un amor que no solo enfrenta las pruebas, sino que las supera con gracia y propósito.

¿Cómo estás construyendo un amor que resista la prueba del tiempo? Ahora es el momento de reflexionar, comprometerse y cultivar ese amor verdadero que no solo perdura, sino que también florece en medio de las pruebas. ¡Vive este amor y deja que sea un testimonio vivo de la gracia y la fortaleza divinas!

El amor diseñado por Dios no es simplemente una erupción de hormonas o emociones poéticas; es intencionado. Está destinado a servir, a fomentar el crecimiento personal y mutuo, y a reflejar el amor sacrificial de Cristo. Antes de invertir en una relación, considera si la pasión que sientes está alineada con un

Un Amor que Vale la Pena Esperar: Felices para Siempre

propósito más profundo: honrar a Dios y servirse unos a otros de la manera que Él quiere.

2. Romance sin autocontrol

En la cultura actual, seguir el corazón a menudo se celebra por encima de todo. Sin embargo, las Escrituras proporcionan un contrapeso. Proverbios 25:28 advierte tajantemente: "Como ciudad derribada y sin muro Es el hombre cuyo espíritu no tiene rienda."

Una relación que carece de autocontrol no se basa en el amor verdadero, sino en la autoindulgencia fugaz. Sin límites establecidos, el romance puede convertirse rápidamente en un comportamiento impulsivo que viola tus valores. Cuando la pasión supera constantemente tu buen juicio, corres el riesgo no solo de sufrir daños personales, sino también de poner en peligro la integridad de tu relación. El verdadero romance respeta los límites establecidos por Dios y nutre un amor que es a la vez honorable y seguro.

3. Latigazo emocional

Una relación marcada por oscilaciones extremas, en la que en un momento estás volando en éxtasis y al siguiente te hundes en la desesperación, es una señal de que algo más profundo está mal. Los altibajos emocionales pueden parecer apasionados, pero a menudo pueden ser síntomas

Un Amor que Vale la Pena Esperar: Felices para Siempre

de vínculos traumáticos en lugar de una intimidad genuina.

Como describe el Dr. Patrick Carnes, especialista en trauma, los vínculos traumáticos son: "Ciclos intensos de recompensa y castigo que crean un apego obsesivo".

Este tipo de "amor" es con frecuencia miedo envuelto en pasión, un patrón impulsado más por heridas no resueltas que por el cuidado mutuo. Si tu relación te deja sintiéndote emocionalmente desanclado, es hora de hacer una pausa, buscar la curación y establecer una base más estable donde el amor constante reemplace los altibajos volátiles.

4. La intimidad física reemplaza a la intimidad espiritual

Si bien la atracción física es un aspecto natural y maravilloso del romance, no debe reemplazar la base más profunda de la intimidad espiritual. La química sexual por sí sola no equivale a seguridad emocional o compatibilidad espiritual.

Elena G. de White, en *Messages to Young People*, advierte que aquellos que se entregan a las pasiones que deberían ser controladas por la razón y la conciencia nunca están a salvo. A menudo son celosos, sensibles e irrazonables.

Una relación sólida coloca la oración antes que el placer y a Dios antes que la gratificación. Sin cultivar una conexión espiritual, la intimidad física puede convertirse en un sustituto vacío de la verdadera cercanía. Priorizar la unidad espiritual a través de la oración conjunta, la reflexión sobre las Escrituras y la adoración compartida construye un vínculo resistente que protege contra las distracciones y los peligros del mero deseo físico.

5. Ignorar la voz apacible y delicada

En medio de una atracción abrumadora, es demasiado fácil silenciar las advertencias suaves y persistentes de Dios. A menudo, cuando nos apresuramos en una relación, nos persuadimos a nosotros mismos: "Dios la bendecirá de todos modos", ignorando la voz apacible y delicada de la convicción. Sin embargo, las Escrituras nos recuerdan que Dios no bendice lo que le escondemos. Cuando se ignora ese consejo silencioso, la relación se acerca más a la inestabilidad.

Tómate el tiempo para escuchar, tanto a tu corazón como al susurro de Dios. La oración y la meditación regulares en Su Palabra te ayudan a discernir si tus pasos están en línea con Su voluntad. Prestar atención a esa voz apacible y delicada asegura que su relación se mueva deliberadamente y con confirmación divina.

Construir una relación en arenas movedizas, donde la pasión eclipsa el propósito, el autocontrol se deja de lado, las emociones oscilan implacablemente, el placer físico reemplaza la intimidad espiritual y se ignoran las advertencias de Dios, te deja vulnerable al colapso cuando

Un Amor que Vale la Pena Esperar: Felices para Siempre

surgen desafíos. En su lugar, elige construir sobre la roca firme del amor con propósito, auto disciplinado y guiado por el Espíritu. Al alinear tu relación con el diseño de Dios, creas un fundamento seguro que puede resistir las tormentas inevitables de la vida y reflejar verdaderamente el amor de Cristo.

Que estas reflexiones te ayuden a discernir si tu relación se basa en la roca sólida de la verdad de Dios o en las arenas movedizas de las emociones desenfrenadas y los valores fuera de lugar. Escoge sabiamente y busca la guía del Espíritu Santo mientras construyes un amor que perdura.

¿Sabías que...?

Según un estudio del *Journal of Sex Research*, las parejas que se involucran sexualmente al principio de la relación (dentro de los primeros 2 meses) tienen **más probabilidades de experimentar conflictos, inseguridad y eventual insatisfacción** en su matrimonio.

Esperar no solo honra a Dios, sino que también genera confianza, claridad y compromiso a largo plazo. — Fuente: Busby, Carroll y Willoughby, 2010. *Revista de Investigación Sexual*

Un Amor que Vale la Pena Esperar: Felices para Siempre

Cómo construir sobre la roca en su lugar

A continuación, se muestra una reflexión personal y profunda sobre "Cómo construir sobre la roca." Así como un cimiento sólido mantiene un edificio seguro a través de cada tormenta, así también una relación edificada en los principios de Dios se mantiene firme en las incertidumbres de la vida. Que esta guía no solo te informe, sino que te inspire a buscar una unión arraigada en la sabiduría divina y el crecimiento holístico.

1. **Deja que la amistad crezca antes de que comience la intimidad.** La verdadera compatibilidad se revela en los momentos tranquilos de la vida compartida, no solo cuando se enciende la emoción de la pasión. Comienza tu viaje cultivando una amistad profunda; aprendan los sueños, el dolor y el propósito de los demás. En la amistad genuina, descubres que tu carácter y la huella de Dios en tu vida están en clara exhibición. Pensemos en una pareja que decide reunirse regularmente para tomar un café, hablar de libros espirituales y testimonios personales, en lugar de precipitarse en la intimidad física.

   Al hacerlo, ambos modelan la dulce verdad de Proverbios 17:17, "En todo tiempo ama el amigo, y es como un hermano en tiempo de angustia."

   Esta práctica no retrasa la alegría, sino que permite que el diseño de Dios florezca paso a paso, estableciendo una compatibilidad real que trasciende la mera atracción superficial.

Un Amor que Vale la Pena Esperar: Felices para Siempre

2. **Establezca límites claros y protéjalos.** Una relación que honra a Dios se caracteriza por límites claros y amorosamente impuestos. Cuando se establecen límites, ambos miembros de la pareja protegen sus corazones de la tentación y de los efectos corrosivos de la vergüenza. No se trata de una restricción, sino de cultivar la santidad que profundiza la intimidad. Por ejemplo, considere a una pareja que intencionalmente establece pautas para las expresiones físicas de amor hasta que estén listos para el matrimonio; tal prudencia alimenta el respeto y el honor.

   Como aconseja 1 Corintios 6:18, "Huid de la fornicación. Cualquier otro pecado que el hombre cometa, está fuera del cuerpo; mas el que fornica, contra su propio cuerpo peca."

   Elena G. de White enseña que la santificación es tanto la esencia como la meta de las relaciones íntimas. Cuando proteges tus límites, te aseguras de que lo que se construye sea edificante en lugar de destructivo, una base en la que la vergüenza no tiene compra.

3. **Invita a mentores a tu relación.** Hay una profunda sabiduría en abrir tu relación a la responsabilidad y al consejo piadoso. Ningún amor construido sobre la verdad tiene miedo de involucrar a mentores, ya sean líderes espirituales, pastores de confianza o padres sabios, porque la transparencia invita al crecimiento. Imagínese a una pareja que se enfrenta a una

Un Amor que Vale la Pena Esperar: Felices para Siempre

encrucijada en su toma de decisiones y que se acerca a un anciano experimentado de la iglesia. A través de la orientación compartida, fortalecen su vínculo y aprenden a navegar los desafíos con gracia.

Como dice Proverbios 15:22: "Los pensamientos son frustrados donde no hay consejo; Mas en la multitud de consejeros se afirman.

Elena G. de White nos recuerda que el verdadero amor se regocija en la responsabilidad. Invitar a mentores envía un mensaje claro: tu relación es lo suficientemente fuerte como para dar la bienvenida a la crítica honesta y constructiva, porque el amor no le teme a la responsabilidad, sino que se nutre de ella.

4. **Reduzca la velocidad y escuche la paz de Dios.** La sociedad moderna a menudo se apresura hacia el próximo gran momento, sin embargo, en los asuntos del corazón, la prisa puede oscurecer la voz de Dios. Tomen un tiempo para hacer una pausa y sintonizar sus corazones con la paz divina que Él ofrece. Reflexionen sobre cada decisión como pareja y pregúntense: "¿Esta decisión nos hace adentrarnos más profundamente en Su voluntad?". Considere un momento en el que uno de los miembros de la pareja se siente atraído en una nueva dirección: en lugar de apresurarse a la acción, se retira para orar y reflexionar en silencio, invitando a la suave afirmación de la presencia de Dios. Jesús nos dice en Mateo 19:6, "Así

Un Amor que Vale la Pena Esperar: Felices para Siempre

que no son ya más dos, sino una sola carne; por tanto, lo que Dios juntó, no lo separe el hombre."

Y aunque la promesa de una unidad inquebrantable es clara, recuerden que no todos los proyectos de nuestro corazón reciben el sello de la paz divina. Cuando esa paz está ausente, puede ser una señal de que Dios te está alejando de una unión inoportuna. Al reducir la velocidad, honras la verdad de que lo que Él une, nadie lo puede separar, sin embargo, Él no respalda todo lo que comenzamos apresuradamente.

5. **Haz crecer tu vida espiritual más que tu vida romántica.** Las relaciones románticas pueden traer alegría y compañerismo, pero nunca están destinadas a reemplazar la relación que estamos llamados a construir con Dios. Cuando nos enfocamos más en nuestro crecimiento espiritual, nos alineamos con Su propósito y encontramos una satisfacción que ninguna conexión humana puede replicar. En lugar de buscar validación en el romance, busca profundizar tu comprensión del amor de Dios y lo que significa vivir en Su presencia todos los días. Al centrarlo en tu vida, permites que Su sabiduría y guía moldeen no solo tu caminar espiritual, sino también tu enfoque del amor y las relaciones.

Priorizar el crecimiento espiritual te da la claridad para ver las relaciones en su perspectiva adecuada. Te equipa con paciencia, discernimiento y un corazón centrado en la

Un Amor que Vale la Pena Esperar: Felices para Siempre

voluntad de Dios en lugar de emociones pasajeras o deseos personales. Aprovecha este tiempo para invertir en hábitos que fortalezcan tu conexión con Él: la oración, el estudio de las Escrituras, los actos de servicio y la adoración. Cuando tu vida espiritual florece, tus relaciones se convierten en una extensión del amor de Dios, construida sobre una base de respeto mutuo, fe y propósito.

Finalmente, recuerde que Dios usa las temporadas de soltería o espera como oportunidades para crecer y prepararse. En lugar de enfocarte únicamente en lo que te falta románticamente, acepta este tiempo como un regalo para construir tu identidad y carácter en Cristo. Ya sea que estés soltero o en una relación, prioriza convertirte en la persona que Dios te ha llamado a ser. Al crecer espiritualmente, permites que Su amor llene tu corazón y se desborde en todos los aspectos de tu vida, incluidas tus relaciones románticas.

6. **Finalmente, deja que tu relación sea una expresión de madurez espiritual en lugar de un escape hacia ideales únicamente románticos.** Una pareja que prioriza la obra de Dios sobre la emoción efímera del romance se convierte en una fuerza poderosa en Su reino. Invierte en su crecimiento espiritual, individual y mutuo: estudien las Escrituras juntos, sirvan en su iglesia y comprométanse a orar.

Un Amor que Vale la Pena Esperar: Felices para Siempre

Al hacer esto, se hace eco del llamado de Pedro en 1 Pedro 1:16, "Porque escrito está: Sed santos, porque yo soy santo."

Un ejemplo práctico se puede ver en una pareja que reserva tiempo cada semana para estudios devocionales y voluntariado. Su alegría se encuentra en la santificación recíproca más que en los gestos fugaces de afecto.

Como se señaló en *The Adventist Home*, p. 95, "El gozo más puro brota de la santificación más profunda".

Esta base espiritual enriquece sus vidas individuales e irradia en su relación compartida, convirtiéndolos en un faro de esperanza y ejemplo dentro de su comunidad.

Construir sobre la roca significa establecer una relación que sea más que solo emociones pasajeras: es un compromiso de dejar que la verdad y el amor de Dios sirvan como base para cada decisión y cada intercambio. Cuando la amistad precede a la intimidad, se respetan los límites, los mentores son bienvenidos y buscas continuamente la paz y el crecimiento espiritual de Dios por encima del romance momentáneo, estás construyendo sobre la base segura que te sostendrá a través de todos los desafíos de la vida.

Que este anteproyecto te anime a buscar un amor que sea considerado, responsable y divinamente inspirado, un

Un Amor que Vale la Pena Esperar: Felices para Siempre

amor que se mantenga fuerte, independientemente de las tormentas que puedan venir.

Reduzca la velocidad y escuche la paz de Dios. Lo que Él une, nadie lo puede separar. Pero Él no se une a todo lo que comenzamos.

Haz crecer tu vida espiritual más que tu vida romántica. Una pareja espiritualmente madura es una fuerza poderosa en el reino de Dios.

La alegría más genuina y duradera nace del corazón que ha sido completamente transformado y santificado por la gracia divina. No se trata de un gozo superficial o pasajero, sino de una satisfacción profunda que solo puede venir al vivir en comunión con Dios y al reflejar Su carácter en cada aspecto de nuestra vida. Es el resultado de un proceso continuo de entrega, purificación y consagración, donde el alma experimenta la paz y la plenitud que solo Su presencia puede ofrecer.

Profundizando en esta verdad, la santificación no es solo un acto, sino una transformación progresiva que alinea nuestro ser con el diseño perfecto de Dios. Cuanto más permitimos que Su Espíritu nos moldee y renueve, más nos liberamos de las cargas de este mundo—miedos, resentimientos y ansiedades—y más espacio hacemos para el gozo celestial. Este gozo no depende de las circunstancias externas, sino de la certeza interna de que estamos caminando en el propósito divino, sostenidos por Su amor eterno.

Un Amor que Vale la Pena Esperar: Felices para Siempre

La santificación profunda transforma nuestras prioridades y nos lleva a buscar las cosas que verdaderamente edifican nuestra vida espiritual. En este proceso, cada paso hacia Dios trae consigo un gozo cada vez más puro, un gozo que es tan intenso como duradero. Este gozo nos capacita no solo para enfrentar las pruebas con valentía, sino también para inspirar a otros, convirtiéndose en un testimonio vivo de lo que significa vivir una vida completamente consagrada a Él.

Tu invitación es clara: abre tu corazón a la obra santificadora de Dios y experimenta el gozo que trasciende toda comprensión humana. Haz de este proceso una prioridad en tu vida, porque cada paso hacia la santidad es un paso hacia el gozo eterno que solo Él puede proporcionar. ¡Vive en esa alegría transformadora y permite que otros sean testigos del gozo más puro que brota de la santificación más profunda! Tu vida está destinada a reflejar esta verdad, ¡comienza hoy!

Oración

Señor, no quiero un amor que se apague. Quiero un amor que se construya en ti, lento, constante y sagrado. Enséñame a guardar mi corazón, a buscar la pureza y a desear el propósito por encima de la pasión. Ayúdame a construir sobre la Roca, no sobre la arena. Amén.

Un Amor que Vale la Pena Esperar: Felices para Siempre

Preguntas de reflexión

1. ¿Me atrae más la química que el carácter?
2. ¿He cruzado límites emocionales o físicos de los que ahora me arrepiento?
3. ¿Cuáles son los valores espirituales sobre los que quiero construir mi relación?
4. ¿He confundido la intensidad con la intimidad?

 ESCRIBE EN TU DIARIO

Reflexiona sobre el "enamoramiento" o la relación romántica más fuerte que hayas tenido. ¿Qué lo alimentó, la pasión o los principios? Si pudieras empezar de nuevo, ¿qué harías diferente? Ahora imagina tu relación ideal centrada en Cristo. ¿Cuál es su fundamento?

Un Amor que Vale la Pena Esperar: Felices para Siempre

Capítulo 6 La Erosión Silenciosa: Cómo las Pequeñas Cosas Socavan un Matrimonio Antes de que Comience

"Cazadnos las zorras, las zorras pequeñas, que echan a perder las viñas; Porque nuestras viñas están en cierne." – Cantar de los Cantares 2:15

No fue una tormenta, fue una fuga lenta

No comenzó con una traición. No hubo una gran explosión, ni un escándalo público. Solo una lenta deriva, como la arena que se desliza entre los dedos. Sentía que él no la estaba escuchando. Sentía que siempre se equivocaba. Dejaron de rezar juntos. Luego hablando. Luego tocando.

Y un día se dieron cuenta: el amor no había muerto... simplemente se había erosionado.

La mayoría de las relaciones no terminan en llamas. Terminan en *desvanecerse*. Y lo que se desvanece primero son las *pequeñas cosas:* los hábitos de cuidado, atención, amabilidad y presencia. Cuando se descuidan, estos "pequeños zorros" arruinan la viña del amor.

Un Amor que Vale la Pena Esperar: Felices para Siempre

Historia: Un matrimonio de detalles

Ana y Daniel eran admirados por todos. Líderes eclesiásticos. Mentores juveniles. Hermosa boda. Pero al tercer año, algo cambió. Daniel llegaba a casa y se iba directamente a su teléfono. Ana limpiaba en silencio, esperando una conversación que nunca llegaba.

Sus argumentos no eran explosivos, sino repetitivos. "Ya no te fijas en mí". "Siempre asumes lo peor". "No respetas mi tiempo".

Fueron a terapia. Su consejero dijo algo que los traspasó a ambos: "No están luchando para destruirse el uno al otro. Poco a poco se están olvidando de cómo amarse los unos a los otros".

Los pequeños zorros que estropean el gran amor

A continuación, se muestra una exploración ampliada y profunda de **5 señales de advertencia que erosionan la intimidad en un matrimonio cristiano.** Cada uno de estos signos apunta a hábitos sutiles, pero destructivos, que pueden debilitar los cimientos espirituales y emocionales de su relación. Al reconocer estas señales de advertencia, puedes abordarlas y reconstruir la conexión que Dios quiere para tu matrimonio.

Un Amor que Vale la Pena Esperar: Felices para Siempre

1. Descuidar los hábitos espirituales

Muchas parejas cristianas no se desmoronan porque faltan a un servicio de la iglesia, sino que flaquean cuando pierden su conexión diaria con Dios juntos.

Cuando las parejas dejan de orar juntas, pierden el pegamento espiritual que las une. El Espíritu Santo, que sirve como nuestro consejero, Consolador y Mediador, es esencial para mantener la unidad. Sin una vida constante de adoración y oración, las diferencias y conflictos cotidianos pueden convertirse rápidamente en divisiones profundas. Piense en sus hábitos diarios como los nutrientes esenciales para su suelo matrimonial; Sin ellos, incluso los pequeños problemas pueden convertirse en problemas graves. Participar constantemente en el estudio de las Escrituras, la oración y la reflexión espiritual juntos no es simplemente una rutina, es el salvavidas que sostiene y renueva su unión.

2. Micro falta de respeto

La falta de respeto en un matrimonio no siempre se señala con insultos abiertos o discusiones fuertes. A menudo, se desliza en forma de micro acciones: interrumpir, poner los ojos en blanco, descartar los sentimientos de su pareja, "corregirlos" públicamente o participar en bromas sarcásticas.

Proverbios 15:1 nos recuerda, "La blanda respuesta quita la ira; Mas la palabra áspera hace subir el furor."

Un Amor que Vale la Pena Esperar: Felices para Siempre

Estos desaires aparentemente pequeños pueden parecer triviales en el momento, pero corroen constantemente la intimidad y la confianza. El respeto, en el matrimonio, es como la tierra fértil en la que se plantan la confianza y el amor; sin ella, hasta la más pequeña raíz del desprecio puede enconarse. Cada vez que eliges una palabra amable en lugar de un comentario sarcástico, u ofreces a tu pareja toda tu atención en lugar de un comentario interrumpido, estás invirtiendo en la salud de tu relación.

3. Comunicación inconsistente

La comunicación es el alma de cualquier relación próspera. Un lapso en las revisiones diarias, las conversaciones reflexivas o incluso el intercambio casual de su día puede ser un indicador sutil de que la desconexión se está estableciendo. Así como un jardín no es asesinado por una tormenta feroz, sino por la negligencia y el abandono, un matrimonio sufre no solo de palabras duras, sino también de falta de comunicación. Cuando las parejas dejan de afirmarse mutuamente, de compartir sus pensamientos o de escuchar activamente, comienzan a distanciarse. La comunicación intencional, estar presente y escucharse verdaderamente, sirve como el mantenimiento continuo que mantiene vivo el jardín de su relación.

4. Vidas ocupadas, tanques de amor vacíos

Un Amor que Vale la Pena Esperar: Felices para Siempre

En nuestro mundo moderno y acelerado, el trabajo, las actividades de la iglesia y las demandas de la familia y los plazos a menudo desplazan el tiempo relacional genuino. Con el tiempo, las parejas pueden encontrarse operando como compañeros de cuarto en lugar de como almas gemelas. El Dr. Gary Chapman, autor de *Los 5 lenguajes del amor*, señala que las parejas que no hablan intencionalmente el lenguaje emocional del otro eventualmente se sentirán no amadas, incluso cuando ambas partes tienen buenas intenciones. Declaró: "Los matrimonios sin amor no siempre son el resultado de la crueldad, sino del descuido".

Cuando la vida diaria se convierte en una serie de tareas y responsabilidades, y cuando se sacrifica el tiempo íntimo de calidad, el "tanque de amor" de cada pareja puede secarse. Es esencial establecer momentos intencionales para conectarse, ya sea a través de una comida compartida, una sesión de oración tranquila o simplemente una conversación ininterrumpida, para garantizar que el amor se realimente activamente.

5. Expectativas tácitas

Las suposiciones pueden ser mortales en una relación. Cuando uno de los miembros de la pareja cree: "Ella debería saber que estoy cansado" o "Él debería saber que quiero flores", las expectativas tácitas crean muros de resentimiento silencioso. El amor no es un servicio para leer la mente, se nutre de una comunicación clara y

Un Amor que Vale la Pena Esperar: Felices para Siempre

honesta. Cuando esperas que tu cónyuge conozca intuitivamente tus necesidades sin que se las expliques, corres el riesgo de acumular una decepción no abordada que socava lentamente la intimidad. Al comunicar sus necesidades abiertamente y verificar rutinariamente lo que el otro requiere emocionalmente, evita que estos resentimientos silenciosos se arraiguen.

Descuidar los hábitos espirituales, permitir la micro falta de respeto, participar en una comunicación inconsistente, dejar que vidas ocupadas conduzcan a tanques de amor vacíos y albergar expectativas tácitas son señales de advertencia de que puedes estar construyendo tu matrimonio en un terreno inestable. Cada uno de estos problemas puede socavar el fundamento establecido por Dios si no se atiende cuidadosamente. Al priorizar intencionalmente la oración diaria, mostrar respeto en cada pequeño acto, participar en un diálogo significativo, nutrir deliberadamente la conexión emocional y expresar tus necesidades, construyes una relación resistente que honra el diseño de Dios para el matrimonio.

Que estas reflexiones te animen a examinar y nutrir cada capa de tu matrimonio, asegurándote de que lo que construyas sea tan duradero y seguro como la roca sólida.

Un Amor que Vale la Pena Esperar: Felices para Siempre

¿Sabías que...?

La investigación del Instituto Gottman muestra que las parejas que expresan aprecio al menos **una vez al día** son significativamente menos propensas a separarse, incluso durante temporadas de alto estrés, como la crianza de los hijos o la tensión financiera.

Y las parejas que oran juntas al menos **3 veces por semana** reportan una tasa de **satisfacción un 30% más alta** tanto en la intimidad emocional como en la física.

Restauración de los cimientos: ladrillo a ladrillo

Cada práctica diaria es un ladrillo que fortalece la estructura de tu relación. Cuando te tomas el tiempo para reconstruir y nutrir intencionalmente tu unión, te honras mutuamente e invitas a la gracia transformadora de Dios a cada rincón de tu vida.

1. Chequeos diarios: Pregúntale: "¿Cómo está tu corazón hoy?"

El simple hecho de un registro diario puede sentar una base sólida para la comprensión mutua. Es una invitación a compartir, no solo los detalles del día, sino también las profundas emociones, luchas y victorias que dan forma a tu vida interior. Al igual que el latido rítmico de un corazón, estos breves momentos de comunicación

Un Amor que Vale la Pena Esperar: Felices para Siempre

permiten que ambos miembros de la pareja permanezcan conectados, incluso en medio del ajetreo de la vida.

Como el Salmo 139:23-24 súplica fervientemente: "Examíname, oh Dios, y conoce mi corazón; Pruébame y conoce mis pensamientos; Y ve si hay en mí camino de perversidad, Y guíame en el camino eterno." Imagina terminar un día agitado preguntándole gentilmente a tu pareja sobre su corazón; Esta pequeña consulta ofrece una oportunidad para la vulnerabilidad y la intimidad, afirmando que valoras no solo sus acciones, sino su propia alma.

En las palabras de Elena G. de White, aconseja de conocerse unos a otros en corazón y espíritu es una bendición preciosa. Es en los momentos tranquilos de reflexión y de intercambio honesto donde comienza la verdadera reconciliación".

2. Un acto de agradecimiento al día: un agradecimiento, un abrazo, un cumplido

Los pequeños gestos de agradecimiento son como un mortero que ata los ladrillos de tus cimientos. Ya sea un agradecimiento sincero, un abrazo inesperado o un cumplido sincero, estos actos nutren el alma y le recuerdan a tu pareja que su valor es visto y apreciado.

Como Romanos 12:10 aconseja, "Amaos los unos a los otros con amor fraternal; en cuanto a honra, prefiriéndoos

Un Amor que Vale la Pena Esperar: Felices para Siempre

los unos a los otros." Piensa en un día en el que un cumplido sincero levante el ánimo de tu pareja durante un desafío: se siente afirmada, valorada e inspirada para seguir haciendo el bien. Estos actos diarios de bondad construyen una reserva de buena voluntad que puede sostener su relación a través de las pruebas. Elena G. de White también enfatizó el poder de los actos sencillos, señalando que la bondad genuina es "la esencia misma del amor cristiano que, cuando se manifiesta, crea un ambiente donde florecen la gracia y el gozo".

3. Tiempo espiritual programado: Oren juntos, incluso durante 2 o 3 minutos

Dedicar incluso unos minutos todos los días a orar, leer las Escrituras e invitar a Dios a su relación es como verter agua en el suelo reseco de su alma, haciéndola receptiva al crecimiento y la renovación. La disciplina del tiempo espiritual diario mantiene tu enfoque alineado con la voluntad de Dios y transforma tu relación en un espacio sagrado.

Como 1 Tesalonicenses 5:17 nos insta a, "Orad sin cesar". Incluso si los momentos compartidos son breves, una oración antes de dormir o leer un solo versículo por la mañana, esta práctica espiritual intencional establece un ritmo que impregna todo el día. Por ejemplo, programar un momento tranquilo después de la cena para reflexionar juntos puede convertir una noche ordinaria en un poderoso testimonio de unidad y fe. Elena G. de White escribió una aconseja que cuando las parejas se unen en oración, forman un vínculo que ningún desafío mundano puede cortar.

4. Discúlpate rápidamente, perdona completamente: No dejes que las pequeñas lesiones se agraven

En toda relación, los pasos en falso y los malentendidos son inevitables. Sin embargo, la verdadera fortaleza de tu fundación se mide por la rapidez con la que puedes ofrecer una disculpa y extender el perdón. Elegir abordar los agravios de inmediato evita que el dolor se vuelva amargo y permite que la curación eche raíces.

Efesios 4:32 nos recuerda, "Antes sed benignos unos con otros, misericordiosos, perdonándoos unos a otros, como Dios también os perdonó a vosotros en Cristo."

Considere un escenario en el que una palabra descuidada causa dolor temporal: al disculparse rápidamente y perdonar por completo, limpia el polvo acumulado en los ladrillos de su relación. Al hacerlo, se asegura de que cada problema se resuelva antes de que tenga la oportunidad de comprometer la integridad de su sindicato. Elena G. de White señaló que la disposición a perdonar es la marca del verdadero carácter cristiano, que tiende puentes y allana el camino para nuevos comienzos.

Un Amor que Vale la Pena Esperar: Felices para Siempre

5. Hablen el lenguaje del amor del otro: Abraza lo que se siente antinatural por el bien del crecimiento

Cada individuo está conectado de manera única para recibir amor de una manera distinta. Ya sea a través de palabras de afirmación, actos de servicio, tiempo de calidad, contacto físico o incluso regalos, aprender a hablar el lenguaje del amor de tu pareja es esencial, incluso si al principio no te resulta familiar. A medida que comienzas a adaptar tus expresiones de amor para que coincidan con sus necesidades internas, afirmas su identidad y cultivas una intimidad más profunda.

Aunque la Biblia no menciona explícitamente los lenguajes del amor, el espíritu de cuidado mutuo y comprensión es claro en 1 Corintios 13, que ensalza las virtudes del amor que "todo lo sufre, todo lo cree, todo lo espera, todo lo soporta". Imagínese a un compañero que prospera con el elogio verbal; cuando expresas deliberadamente tu admiración y gratitud, les ayudas a sentirse vistos y apreciados de una manera que resuena poderosamente. Esta práctica intencional puede requerir salir de tu zona de confort, pero sus recompensas son profundas. Elena G. de White señaló que el amor que se comunica con cuidado y comprensión transforma los corazones y construye una morada donde se puede albergar esperanza con seguridad.

Restaurar tu relación es muy parecido a reconstruir una estructura: cada ladrillo, cada palabra y cada acto de bondad juegan un papel crucial en la creación de una base duradera y duradera. Las revisiones diarias, los actos de

Un Amor que Vale la Pena Esperar: Felices para Siempre

agradecimiento, los momentos compartidos de oración, las disculpas rápidas, junto con el perdón sincero y el hablar, el lenguaje del amor del otro, son los pasos deliberados que restauran y renuevan su vínculo. Este proceso no se trata únicamente de reparar lo que está roto, sino de evolucionar hacia una asociación que refleje el amor y la gracia inquebrantables de Dios.

Que estas prácticas intencionales te sirvan de guía, ladrillo a ladrillo, para restaurar tu relación a un lugar de belleza, resiliencia y propósito divino.

Que esta guía te inspire a reconstruir tu relación con paciencia, intencionalidad y gracia, sabiendo que cada esfuerzo sincero es un ladrillo en los cimientos de un amor que perdura.

"El amor sea sin fingimiento. Aborreced lo malo, seguid lo bueno. Amaos los unos a los otros con amor fraternal; en cuanto a honra, prefiriéndoos los unos a los otros." – *Romanos* 12:9-10

Oración

Señor, perdóname por las pequeñas cosas que he descuidado: los agradecimientos tácitos, los mensajes de texto no enviados, las oraciones no rociadas. Sana lo que he dejado que se desvanezca. Enséñame a amar intencionalmente. Que mi matrimonio (o el futuro) sea un

Un Amor que Vale la Pena Esperar: Felices para Siempre

santuario de gracia, construido una palabra amable a la vez. Amén.

Preguntas de reflexión

1. ¿Qué "pequeños zorros" se han colado en mi relación actual (o futura)?
2. ¿Cómo estoy alimentando o matando de hambre la intimidad emocional?
3. ¿Pido lo que necesito, o lo espero en silencio?
4. ¿Sigo buscando la conexión, o asumo que siempre estarán ahí?

 ESCRIBE EN TU DIARIO

Haz una lista de tres pequeños hábitos diarios que podrías comenzar hoy y que bendecirían a tu cónyuge actual o futuro. Luego escribe una breve carta de agradecimiento a alguien que te haya amado en las pequeñas cosas.

Un Amor que Vale la Pena Esperar: Felices para Siempre

Un Amor que Vale la Pena Esperar: Felices para Siempre

Capítulo 7 Cuando las banderas rojas visten vestidos blancos: Discernimiento antes de decir 'Sí, acepto'

"Amados, no creáis a todo espíritu, sino probad los espíritus si son de Dios; porque muchos falsos profetas han salido por el mundo." – 1 Juan 4:1

Cuando el encanto se convierte en una trampa

Él la tomó de la mano, citó las Escrituras, dirigió la adoración de los jóvenes e incluso ayunó con ella.

Pero una vez casados, el encanto se desvaneció. Las oraciones se detuvieron. El control reemplazó a la amabilidad. Su voz fue silenciada, sus límites aplastados. Una noche susurró entre lágrimas: *"Él no era quien yo pensaba que era"*.

Pero lo era. Simplemente no quería verlo.

Esta es la peligrosa verdad: las **banderas rojas a menudo usan vestidos blancos y trajes negros**. Sonríen. Ellos sirven. Hablan cristiano. Pero debajo de todo esto se encuentra la manipulación, la inseguridad o el pecado no arrepentido, que espera revelarse en el matrimonio.

El discernimiento no es sospecha. Es **una visión espiritual**, un regalo que Dios da a aquellos que están dispuestos a ver, incluso cuando duele.

Un Amor que Vale la Pena Esperar: Felices para Siempre

Historia: Estuvo ahí todo el tiempo

Sofía quedó prendada de Andrés desde el principio. Él era diácono, conocía su Biblia y le llevaba flores todos los sábados. Pero se sentía incómoda cada vez que él se burlaba de los camareros, menospreciaba a sus amigos o se ponía a la defensiva cuando ella cuestionaba algo.

Su mentor le advirtió gentilmente: "Cariño, él es un líder, pero no un oyente. No ignores eso".

Pero Sofía no quería perder el sueño. Se casó con él de todos modos.

Dos años después, se sentía como una prisionera, viviendo con un hombre que se preocupaba más por las apariencias que por el arrepentimiento.

"No me engañaron", le dijo un día a su terapeuta. "Simplemente, cerré los ojos".

7 Señales de Alerta que el Espíritu Santo Quiere que Veas

1. Una imagen espiritual sin fruto

"Así que, por sus frutos los conoceréis." – Mateo 7:20

Ir a la iglesia no equivale a conocer a Cristo. Citar las Escrituras no es lo mismo que vivirlas. Como dice Gálatas

Un Amor que Vale la Pena Esperar: Felices para Siempre

5:22-23, que muestra esta persona amor, gozo, paz, paciencia, bondad, fidelidad, dominio propio. De lo contrario, es posible que estén rindiendo espiritualmente, no creciendo espiritualmente.

2. Celos y control disfrazados de protección

"Él simplemente se preocupa por mí". "Simplemente no confía en la gente".

Pero si tienes que **pedir permiso** para ser tú mismo, eso no es amor, eso es control.

"Porque el Señor es el Espíritu; y donde está el Espíritu del Señor, allí hay libertad." – 2 Corintios 3:17

El verdadero amor trae paz, no miedo. Espacio, no vigilancia.

3. Aislamiento de las relaciones piadosas

Si tu pareja trata de alejarte de tus mentores, de la familia de la iglesia o del consejo espiritual, huye.

El aislamiento es el caldo de cultivo para la manipulación. Las relaciones saludables fomentan **la conexión**, no el control.

Un Amor que Vale la Pena Esperar: Felices para Siempre

4. Incapacidad para disculparse o asumir responsabilidades

Si cada conversación se convierte en culpa, desvío o luz de gas, eso no es inmadurez, es un patrón de **carácter peligroso**.

"El que encubre sus pecados no prosperará; Mas el que los confiesa y se aparta alcanzará misericordia." – *Proverbios* 28:13

Una pareja que no puede disculparse eventualmente se convertirá en una pareja en la que no se puede confiar.

5. Presión hacia la intimidad física

No importa cuán espiritual suene alguien, si empuja tus límites, *no está* caminando en el Espíritu.

"Pues la voluntad de Dios es vuestra santificación; que os apartéis de fornicación." – 1 Tesalonicenses 4:3

Una persona que camina con Dios protegerá tu pureza, no la tentará.

6. Ira crónica o cambios de humor

Todo el mundo se enfada. Pero si su reacción es regularmente **explosiva, pasivo-agresiva** o **emocionalmente abusiva**, no la minimices.

Un Amor que Vale la Pena Esperar: Felices para Siempre

El matrimonio **amplificará** sus hábitos, no los suavizará.

7. Hacer caso omiso de los consejos piadosos

"Donde no hay dirección sabia, caerá el pueblo; Mas en la multitud de consejeros hay seguridad." – Proverbios 11:14

Si tus pastores, padres o mentores espirituales te plantean preocupaciones, no te apresures a pasar por alto sus palabras. Las personas sabias **agradecen el consejo**. Los tontos se ofenden por ello.

¿Sabías que...?

Un estudio en *Personality and Social Psychology Bulletin* reveló que las personas en relaciones emocionalmente manipuladoras o controladoras a menudo informan ignorar **las primeras señales de advertencia** debido a la soledad, la inseguridad o el "sesgo de optimismo". — Fuente: Joel, S., & MacDonald, G. (2013)

Dios te dio una conciencia, el Espíritu Santo y una comunidad de fe por una razón. Úsalas.

¿Cómo es el discernimiento?

1. **Escucha más de lo que habla.** Se pregunta: ¿Cómo es esta persona cuando no está actuando?

Un Amor que Vale la Pena Esperar: Felices para Siempre

2. **Cuida el carácter por encima del carisma.** El encanto puede abrir la puerta. Pero solo el carácter puede mantenerlo abierto.

3. **Invita a las personas sabias a participar en el proceso.** Si tu amor no puede manejar la responsabilidad, no es amor. Es un delirio.

4. **Reza por la claridad por encima de la comodidad.** Dios nunca los confundirá para casarse. Su paz sobrepasa el entendimiento, no el sentido.

"Al manso guiará en el juicio, y al manso enseñará su camino." – Salmo 25:9

Oración

Señor, ábreme los ojos. Aunque duela, aunque me cueste un sueño, prefiero caminar sola que unirme a alguien a quien nunca me llamaste. Dame discernimiento, coraje y un espíritu de escucha. No permitas que me ciegue el encanto, sino que me guíe por Tu verdad. Amén.

Un Amor que Vale la Pena Esperar: Felices para Siempre

Preguntas de reflexión

1. ¿He visto señales de alerta en alguien, pero las he explicado?
2. ¿Me estoy precipitando en el amor por miedo o presión?
3. ¿Invito a voces sabias a hablar en mi relación?
4. ¿Qué dice realmente el Espíritu Santo acerca de esta persona?

 ESCRIBE EN TU DIARIO

Escribe una lista de valores no negociables que tu futura pareja (o actual) debe tener. Luego escribe una oración pidiéndole a Dios que te dé **discernimiento espiritual y el coraje para alejarte** de lo que puede parecer bueno, pero no es bueno para ti.

Un Amor que Vale la Pena Esperar: Felices para Siempre

Un Amor que Vale la Pena Esperar: Felices para Siempre

Capítulo 8 Lazos del alma y lazos sagrados: conexiones emocionales que sanan o dañan

"¿O no sabéis que el que se une con una ramera, es un cuerpo con ella? Porque dice: Los dos serán una sola carne. Pero el que se une al Señor, un espíritu es con él." – 1 Corintios 6:16-17

Atado a la persona equivocada

Andrea no lo había visto en años. Ahora estaba casada, amada por un hombre piadoso, pero algo la atormentaba.

Cada vez que veía a un hombre que se parecía a Marcos, su primer amor, su corazón se apretaba. No porque ella quisiera recuperarlo… sino porque nunca lo había dejado ir del todo.

Su conexión había sido profunda, emocional, física y espiritual. Y aunque la relación terminó, quedó algo invisible.

Un lazo de alma.

Vivimos en una cultura que trata la intimidad emocional como una recreación y la intimidad física como un apretón de manos. Pero Dios nos diseñó para **unirnos**, no solo para tocarnos. Para **conectar**, no solo para coquetear. Y cuando

Un Amor que Vale la Pena Esperar: Felices para Siempre

esos lazos se forman fuera de Su voluntad, dejan atrás cordones invisibles, algunos santos, otros dañinos.

¿Qué es un lazo de alma?

Un lazo del alma es un vínculo emocional, espiritual o físico entre dos personas, a menudo formado a través de experiencias emocionales profundas, intimidad física o apego prolongado.

Hay **lazos piadosos del alma**, como los arraigados en el matrimonio, la amistad y la familia.

"Aconteció que cuando él hubo acabado de hablar con Saúl, el alma de Jonatán quedó ligada con la de David, y lo amó Jonatán como a sí mismo." – 1 Samuel 18:1

Pero también hay **lazos impíos del alma**, formados a través del pecado sexual, el trauma, la dependencia emocional o las relaciones manipuladoras.

Signos de un lazo del alma poco saludable

Reconocer estas señales es el primer paso hacia la sanación y la liberación de las cadenas que pueden estar impidiéndole abrazar la libertad de Dios. Que esta guía te anime a examinar tu vida emocional y espiritual con honestidad e invite al poder transformador de Cristo a cada rincón de tu corazón.

Un Amor que Vale la Pena Esperar: Felices para Siempre

1. Piensas constantemente en la persona, incluso cuando no quieres

Cuando los pensamientos de una relación o persona pasada aparentemente invaden tu mente, incluso en contra de tu voluntad, es como si un invitado no invitado ocupara tu santuario interior. Dios nos llama a ser los guardianes de nuestros corazones.

Como advierte sabiamente, *Proverbios* 4:23, "Sobre toda cosa guardada, guarda tu corazón; Porque de él mana la vida."

Pensemos en alguien que, a pesar de los esfuerzos por seguir adelante, encuentra su mente repetidamente atraída por los recuerdos de un antiguo amor. Este recuerdo constante e intrusivo es una señal de alerta, un lazo del alma que se ha vuelto poco saludable, atándote con un hilo invisible que obstaculiza la libertad emocional. Al igual que las malas hierbas no deseadas en un jardín, estos pensamientos pueden ahogar el crecimiento de un nuevo amor que honra a Dios. Reflexiona sobre las formas en que puedes rendir estos pensamientos recurrentes a Dios en oración, pidiéndole que renueve tu mente y te llene de Su paz.

2. Comparas a todo el mundo con ellos, emocional o sexualmente

En una vida emocionalmente saludable, cada nueva persona que conoces tiene el potencial único de traer una

Un Amor que Vale la Pena Esperar: Felices para Siempre

nueva alegría y perspectiva. Sin embargo, cuando las comparaciones se convierten en una parte compulsiva de tu vida, señales de que un lazo del alma poco saludable está deformando tu visión de las relaciones. El hábito de comparar a los demás con la memoria de alguien del pasado puede crear un ídolo ilegal, una sombra que tiene prioridad sobre la belleza de lo mejor de Dios para ti.

En Santiago 4:4 está escrito, "¡Oh almas adúlteras! ¿No sabéis que la amistad del mundo es enemistad contra Dios? Cualquiera, pues, que quiera ser amigo del mundo, se constituye enemigo de Dios."

Imagínate un alma tan atada a un solo recuerdo que cada nuevo encuentro está cargado de comparaciones. Esta comparación disminuye la nueva relación y te distrae del plan único que Dios tiene para tu viaje emocional y espiritual. Al reconocer este patrón, invitas a la sanación de Dios a reemplazar la comparación con un aprecio genuino por la individualidad que Él diseña en cada persona.

3. Te sientes emocionalmente controlado o manipulado por su memoria

Llega un momento en el que un recuerdo no es solo un recuerdo, sino que comienza a influir sobre tus emociones y decisiones. Sentirse controlado o manipulado por la memoria de una persona del pasado indica que el vínculo ha echado raíces en un lugar donde Dios desea la libertad.

Un Amor que Vale la Pena Esperar: Felices para Siempre

Colosenses 3:2 aconseja, "Poned la mira en las cosas de arriba, no en las de la tierra."

Cuando un amor anterior dicta tu estado de ánimo, tus acciones o tu autoestima, te enredas en un vínculo que nunca tuvo la intención de encarcelar, sino de sanar. Imagínese despertarse cada día con un sentido de obligación de volver a visitar viejas heridas o ideales sobre lo que solía ser; La memoria en sí misma establece límites a su capacidad para prosperar. Reconozca que, si bien el pasado tiene sus historias, Cristo ofrece un camino hacia la liberación emocional. Su amor redentor trae restauración para que ya no permitas que cadenas obsoletas dicten tu presente y futuro.

4. Sigues enojado, amargado u obsesionado, mucho después de que terminó la relación

La ira, la amargura o la obsesión continuas pueden ser una carga pesada, lo que indica que un lazo del alma ha dejado heridas que permanecen sin sanar.

Efesios 4:31-32 nos enseña, "Quítense de vosotros toda amargura, enojo, ira, gritería y maledicencia, y toda malicia. Antes sed benignos unos con otros, misericordiosos, perdonándoos unos a otros, como Dios también os perdonó a vosotros en Cristo."

Aferrarse al resentimiento o a la obsesión pasa por alto el mandamiento de Cristo de perdonar y seguir adelante.

Un Amor que Vale la Pena Esperar: Felices para Siempre

Imagina a alguien que, mucho después de que una relación ha terminado, encuentra que cada uno de sus pensamientos y emociones se centran en el dolor del pasado. Ese constante refrito de dolor no solo daña el alma, sino que también obstruye el gozo y la restauración que un nuevo comienzo en Cristo puede proporcionar. Abrazar el perdón de Dios, y ofrecértelo a ti mismo, puede liberarte de las cadenas de los recuerdos amargos y abrir la puerta a la curación.

5. Te sientes paralizado ante la idea de que sigan adelante, incluso cuando tienes

Un lazo profundo y malsano del alma puede inducir un miedo paralizante al cambio. Incluso si has comenzado nuevos caminos en la vida, la idea de que esa persona siga adelante puede desencadenar ansiedad, tristeza o resistencia.

Ezequiel 36:26 proclama, "Os daré corazón nuevo, y pondré espíritu nuevo dentro de vosotros; y quitaré de vuestra carne el corazón de piedra, y os daré un corazón de carne."

Imagínate sentirte como si estuvieras atrapado en el pasado, incapaz de abrazar completamente el presente o el futuro, porque la mera idea de que tu ex pareja encuentre la felicidad en otro lugar te hace sentir inseguro o incompleto. Este miedo inmovilizador es una señal de que el lazo malsano todavía ejerce su influencia. Es hora de pedirle a Dios un corazón nuevo, uno que sea receptivo a Su sanación y capaz de experimentar una nueva alegría y libertad. Al buscar Su guía y renunciar a este miedo, permites que la gracia transformadora de Dios rompa las cadenas del pasado.

Una cadena rota por Cristo

Las palabras de *El Deseado de Todas las Gentes* encapsulan la esperanza que tenemos, como el pecado ha atado a los seres humanos a Satanás. Pero Cristo vino a romper todas las cadenas. Esta profunda verdad nos recuerda que no importa cuán profundamente haya echado raíces un lazo del alma malsano, el poder redentor de Cristo puede liberarte de sus garras. Abraza Su promesa, permite que Su amor renueve tu mente y confía en que cada cadena, sin importar cuán fuerte sea, puede romperse a través de Su misericordia.

Reconocer los signos de un lazo del alma poco saludable es un acto valiente de autoconciencia. Ya sea que se trate de pensamientos incesantes, comparaciones constantes, manipulación emocional, amargura persistente o miedo paralizante, estas penas señalan un llamado a la restauración espiritual y emocional. En todos los casos, vuélvase a Dios en oración, busque Su sabiduría a través de las Escrituras y acepte el consejo de mentores de confianza. La sanación no es instantánea, sin embargo, cada paso hacia la liberación de estas cadenas te acerca un ladrillo más a una base construida sobre la libertad y el amor divino.

Un Amor que Vale la Pena Esperar: Felices para Siempre

Que esta reflexión te empodere para reconocer y romper los lazos malsanos del pasado, reemplazándolos con el abrazo liberador y sanador del amor de Cristo. Al embarcarse en este viaje de restauración, recuerde que cada paso que da hacia la libertad emocional y espiritual es un testimonio de la gracia infinita y el poder transformador de Dios.

¿Sabías que...?

La neurociencia muestra que **la oxitocina**, la hormona del vínculo liberada durante el intercambio emocional profundo y la intimidad física (especialmente el sexo), **literalmente crea vías neuronales** en el cerebro, diseñadas para hacernos sentir conectados y confiados.

Esto es hermoso en el matrimonio, pero destructivo en las relaciones casuales o tóxicas. El cerebro no puede distinguir "esto no es para siempre", se une de todos modos. – Fuente: Dr. Daniel Amén, Cambia Tu Cerebro, Cambia Tu Vida

Cómo se forman los lazos del alma (incluso sin sexo)

Los lazos del alma no siempre son físicos; pueden ser vínculos profundamente emocionales, espirituales o psicológicos que se desarrollan cuando la intimidad carece de límites saludables. Reconocer estos patrones es esencial para proteger tu corazón y buscar la guía de Dios en tus relaciones.

Un Amor que Vale la Pena Esperar: Felices para Siempre

1. Conversaciones profundas frecuentes a altas horas de la noche

Las conversaciones nocturnas a menudo crean una sensación de vulnerabilidad y cercanía que puede conducir a un vínculo emocional. Si bien compartir tu corazón no es inherentemente malo, hacerlo sin discernimiento puede difuminar los límites y fomentar la dependencia.

Proverbios 4:23 nos recuerdan, "Sobre toda cosa guardada, guarda tu corazón; Porque de él mana la vida."

Imagina un escenario en el que dos amigos confían con frecuencia, el uno en el otro a altas horas de la noche, compartiendo sus miedos y sueños más profundos. Con el tiempo, esta intimidad emocional puede crear un vínculo que se siente casi irrompible, incluso si no está arraigado en la voluntad de Dios. Para evitar esto, es importante establecer límites y asegurarse de que su intercambio emocional más profundo esté reservado para las relaciones que honran el diseño de Dios.

2. Trauma emocional compartido en aislamiento

Cuando dos personas comparten un trauma emocional de forma aislada, puede crear un vínculo que se siente como un salvavidas, pero que en realidad puede ser poco saludable. Este tipo de conexión a menudo se deriva de una necesidad mutua de comodidad, pero puede conducir a la codependencia en lugar de la curación. Eclesiastés 4:9-10 enseña:

"Dos son mejores que uno; porque tienen una buena recompensa por su trabajo. Porque si caen, el uno levantará a su compañero; pero ¡ay del que está solo cuando cae! Porque no tiene otro que le ayude a levantarse". Si bien es bueno apoyarse unos a otros, la verdadera sanación proviene de Dios y de buscar consejos sabios. Por ejemplo, dos personas que han experimentado pérdidas similares pueden apoyarse mutuamente en exceso, creando un vínculo que se siente irremplazable, pero que en última instancia obstaculiza su crecimiento individual. Buscar el consuelo de Dios e involucrar a mentores de confianza puede ayudar a redirigir este vínculo hacia una restauración saludable.

3. Coqueteo repetitivo o codependencia

El coqueteo puede parecer inofensivo, pero cuando se vuelve repetitivo, puede crear un vínculo emocional que es difícil de romper. Del mismo modo, la codependencia, en la que una persona depende excesivamente de la otra para obtener apoyo emocional, puede conducir a un apego poco saludable.

1 Corintios 15:33 advierte, "No erréis; las malas conversaciones corrompen las buenas costumbres."

Un Amor que Vale la Pena Esperar: Felices para Siempre

Piensa en una relación en la que una persona busca constantemente la validación a través del coqueteo, creando un ciclo de dependencia emocional. Esta dinámica distorsiona la relación y distrae a ambos individuos de buscar el propósito de Dios para sus vidas. Romper este ciclo requiere límites intencionales y un compromiso para encontrar identidad y valor solo en Cristo.

4. Intimidad espiritual malsana ("Eres el único que me entiende espiritualmente")

La intimidad espiritual es un hermoso regalo cuando se comparte dentro del contexto de una relación que honra a Dios. Sin embargo, cuando una persona se convierte en la única fuente de comprensión o conexión espiritual, puede conducir a un vínculo poco saludable. Mateo 18:20 nos recuerda:

"Porque donde dos o tres están reunidos en mi nombre, allí estoy yo en medio de ellos." Imagínate a alguien diciendo: "Eres el único que me entiende espiritualmente". Si bien esto puede parecer afirmativo, coloca una carga excesiva en la relación y puede aislar a ambos individuos de la comunidad espiritual más amplia. La intimidad espiritual saludable implica un crecimiento compartido dentro de una comunidad de creyentes, no una dependencia exclusiva de una persona.

Un Amor que Vale la Pena Esperar: Felices para Siempre

5. Fantasía/obsesión, incluso a través de las redes sociales

En la era digital actual, es fácil formar vínculos poco saludables a través de las redes sociales. Revisar constantemente el perfil de alguien, imaginar escenarios u obsesionarse con su vida puede crear un lazo del alma que se siente real, pero que es completamente unilateral.

Filipenses 4:8 aconseja, "Por lo demás, hermanos, todo lo que es verdadero, todo lo honesto, todo lo justo, todo lo puro, todo lo amable, todo lo que es de buen nombre; si hay virtud alguna, si algo digno de alabanza, en esto pensad."

Por ejemplo, alguien puede pasar horas desplazándose por las publicaciones de una persona, construyendo una relación de fantasía en su mente. Esta obsesión no solo distrae de las conexiones de la vida real, sino que también crea un vínculo emocional que puede ser difícil de romper. Redirigir tu enfoque a la verdad de Dios y participar en relaciones significativas cara a cara puede ayudar a desmantelar estos patrones poco saludables.

Intimidad sin límites: un llamado a proteger tu corazón

Los lazos del alma no siempre están formados por la intimidad física; A menudo son el resultado de conexiones emocionales y espirituales que carecen de límites saludables.

Un Amor que Vale la Pena Esperar: Felices para Siempre

Como dice Proverbios 3:5-6, "Fíate de Jehová de todo tu corazón, y no te apoyes en tu propia prudencia. Reconócelo en todos tus caminos, y él enderezará tus veredas."

Elena G. de White también enfatiza la importancia de guardar el corazón. Ella enfatiza que el corazón es la ciudadela del alma. El que controla el corazón controla todo el ser. Al establecer límites, buscar la guía de Dios e involucrar a mentores de confianza, puedes proteger tu corazón y asegurarte de que tus relaciones lo honren.

Los lazos del alma formados sin límites pueden obstaculizar tu crecimiento emocional y espiritual. Ya sea a través de charlas nocturnas, traumas compartidos, coqueteos repetitivos, intimidad espiritual poco saludable u obsesión por las redes sociales, estos lazos pueden crear vínculos que te distraen del propósito de Dios para tu vida. Reconocer estos patrones y buscar la sanidad de Dios es el primer paso hacia la libertad y la restauración.

Que esta reflexión te inspire a examinar tus relaciones con sabiduría y gracia, confiando en que el amor de Dios es la fuente suprema de libertad y satisfacción.

El Camino de Dios: Santo Pacto, Santa Conexión

Dios creó los vínculos emocionales y sexuales para estar **seguros** dentro del pacto del matrimonio.

Un Amor que Vale la Pena Esperar: Felices para Siempre

"Por tanto, dejará el hombre a su padre y a su madre, y se unirá a su mujer, y serán una sola carne." – Génesis 2:24

Fuera de esa seguridad, incluso las conexiones bien intencionadas pueden convertirse en cordones vinculantes que distorsionan tu capacidad de amar libremente en el futuro.

Rompiendo las ataduras impías del alma

Los lazos impíos del alma son lazos que se forman cuando la intimidad (emocional, espiritual o de otro tipo) cruza los límites previstos por Dios. Pueden atarte a recuerdos dolorosos, apegos poco saludables e incluso al pecado. Sin embargo, a través del amor redentor de Cristo, toda cadena puede ser rota.

Como Jesús declara en Juan 8:36, "Así que, si el Hijo os libertare, seréis verdaderamente libres." Este versículo nos habla de la libertad que solo Cristo puede ofrecer, una libertad que trasciende lo físico y lo temporal. Es una invitación a experimentar una vida plena, libre de las cadenas del pecado, el miedo y la culpa. Cuando permitimos que Jesús sea el centro de nuestra vida, encontramos una libertad auténtica que transforma nuestro ser y nos capacita para vivir en Su propósito.

En los siguientes pasos, exploramos un camino hacia la libertad: un desmantelamiento deliberado de los apegos

Un Amor que Vale la Pena Esperar: Felices para Siempre

impíos a través del arrepentimiento, la renuncia, la acción decisiva y el redescubrimiento de tu identidad en Dios.

1. Arrepiéntete de la conexión

El primer paso para romper las ataduras impías del alma es evaluar honestamente dónde se ha desviado tu corazón de la voluntad de Dios. Reconoce el vínculo que se formó en la desobediencia o en la intimidad fuera de lugar. Arrepentirse significa confesar tus transgresiones a Dios, reconocer que esa conexión no honraba Su diseño para las relaciones y entregar todo lo que quedaba de ese vínculo en Sus manos capaces.

Pensemos en la persona que repetidamente vuelve a recordar recuerdos que deberían quedar en el pasado. En la oración, confiesa no solo el pecado del apego, sino también las formas en que esa conexión ha obstaculizado tu progreso espiritual.

Como nos asegura 1 Juan 1:9, "Si confesamos nuestros pecados, él es fiel y justo para perdonar nuestros pecados, y limpiarnos de toda maldad."

Este acto de arrepentimiento es como quitar un ladrillo dañado de un cimiento para que pueda surgir una nueva estructura ordenada por Dios. Pedir el perdón y la sanación de Dios sienta las bases para la libertad y la renovación.

Un Amor que Vale la Pena Esperar: Felices para Siempre

2. Renuncia a las Demandas Emocionales/Espirituales

Una vez que te hayas arrepentido, renuncia formalmente a las exigencias emocionales o espirituales que el lazo impío tiene sobre tu vida. En oración sincera, declara que ya no perteneces a esa persona o a esa relación pasada, sino únicamente a Cristo. Esta renuncia es un acto de desafío espiritual contra las demandas persistentes de los apegos pasados.

Imagínese a una persona que, a través de la oración repetida, proclama audazmente: "Renuncio a este lazo, pertenezco a Cristo, y ya no permitiré que ningún vínculo me mantenga cautivo". Esta es una declaración simple pero profunda que sirve al control que la conexión malsana ha tenido sobre tu espíritu. Al hacerlo, afirmas que tu valor ahora está definido por el amor de Cristo y no por los errores del pasado. Elena G. de White a menudo nos recuerda que la verdadera libertad llega cuando colocamos nuestra identidad completamente en Cristo, en lugar de en los apegos humanos fugaces. Esta renuncia es tanto una declaración espiritual como un nuevo comienzo hacia la curación.

3. Eliminar puntos de acceso

Los lazos impíos del alma a menudo persisten porque permitimos que los recordatorios del pasado permanezcan en nuestra vida diaria. La eliminación de los puntos de acceso es un paso práctico con profundas implicaciones espirituales. Estos "puntos de acceso" pueden ser números de teléfonos celulares, enlaces a redes sociales, fotografías o regalos que continuamente despiertan viejos recuerdos y emociones.

Tomemos, por ejemplo, a una persona que descubre que cada vez que se desplaza por sus redes sociales, imágenes y mensajes resucitan viejos lazos impíos. Decidir eliminar esos contactos, bloquear esos perfiles o incluso descartar elementos tangibles puede romper el ciclo de dolor recurrente.

Este acto físico de remoción simboliza tu compromiso de proteger tu corazón, honrando Proverbios 4:23, "Sobre toda cosa guardada, guarda tu corazón; Porque de él mana la vida."

Al eliminar estos desencadenantes, creas un espacio protegido para que ocurra tu curación, un santuario que permite que el poder restaurador de Dios trabaje sin interferencias.

4. Restaura tu identidad en Dios

El paso final, y quizás el más transformador, es reclamar y restaurar tu identidad en Dios. Las ataduras impías del alma dejan un vacío que solo Dios puede llenar. Reemplace el vacío dejado por esos lazos malsanos con la rica verdad de las Escrituras, el aliento de amigos piadosos y la afirmación divina.

Un Amor que Vale la Pena Esperar: Felices para Siempre

Sumérgete en la Palabra. Memoriza versículos que hablen de tu nueva identidad en Cristo, como 2 Corintios 5:17, "De modo que si alguno está en Cristo, nueva criatura es; las cosas viejas pasaron; he aquí todas son hechas nuevas."

Invita a tener una comunión regular con creyentes que puedan afirmarte y apoyarte. Participe en actividades que fortalezcan su vida espiritual: ser un nuevo pasatiempo, servir en su iglesia o participar en estudios bíblicos grupales.

Elena G. de White dijo que no hay llamado más alto que desarrollar un carácter y una identidad que reflejen la luz de Cristo. Al hacerlo, reemplazas las sombras persistentes de los apegos pasados con la verdad iluminadora de Dios.

Romper las ataduras impías del alma es un proceso, un viaje de arrepentimiento, renuncia, eliminación decisiva de los desencadenantes y la restauración de tu identidad ordenada por Dios. Estos pasos no solo desmantelan los lazos malsanos que te mantienen cautivo, sino que también allanan el camino para una vida de libertad y propósito en Cristo.

Recuerde la promesa de Jesús en Juan 8:36, "Así que, si el Hijo os libertare, seréis verdaderamente libres."

Que encuentres fortaleza en Sus palabras, valor en Su espíritu e identidad renovada a medida que te alejas de las cadenas del pasado y te adentras en la luz liberadora de Su amor eterno.

Un Amor que Vale la Pena Esperar: Felices para Siempre

Que esta reflexión te empodere para liberarte de las ataduras impías del alma, restaurando tu corazón y tu vida en la gracia y la libertad ofrecidas por Cristo.

Oración para romper las ataduras del alma

Jesús, Te doy todo vínculo emocional que no sea de Ti. Rompo, en Tu nombre, toda atadura que ha obstaculizado mi corazón, nublado mi mente o entristecido Tu Espíritu. Sana las partes de mí que aún están conectadas con las personas con las que ya no camino. Reemplaza esos lugares con Tu presencia. Yo solo te pertenezco a Ti. Amén.

Preguntas de reflexión

1. ¿He formado vínculos emocionales o físicos poco saludables en relaciones pasadas?

2. ¿Hay alguien con quien todavía me siento conectado, incluso después de que nos hemos separado?

3. ¿Qué medidas he tomado para romper esos lazos en el nombre de Jesús?

4. ¿Cómo puedo construir solo lazos de alma piadosos e intencionales en el futuro?

Un Amor que Vale la Pena Esperar: Felices para Siempre

 ESCRIBE EN TU DIARIO

Escribe una carta (no es necesario que la envíes) a alguien a quien te sientas atado emocional o espiritualmente. Derrama tu corazón, luego reza una oración liberadora sobre él. Termine escribiendo una declaración: "Estoy atado a Cristo, no a mi pasado".

Un Amor que Vale la Pena Esperar: Felices para Siempre

Capítulo 9 El arte de esperar: Cómo Dios prepara los corazones para el Amor Santo"

"Pero los que esperan a Jehová tendrán nuevas fuerzas; levantarán alas como las águilas; correrán, y no se cansarán; caminarán, y no se fatigarán."– Isaías 40:31

El dolor de lo intermedio

Esperar es una de las cosas más difíciles de hacer cuando tu corazón está listo para el amor. Ves a otros encontrar "su persona". Tú oras. Escribes en tu diario. Lloras. Y aún así, silencio.

Empiezas a preguntarte:

- ¿Llega Dios tarde?
- ¿Perdí mi oportunidad?
- ¿Me pasa algo?

Pero esperar no es un castigo. **Esperar es prepararse.**

Dios no desperdicia ni un solo segundo de tu temporada de espera. De hecho, está en la espera que Él te moldea para convertirte en la persona que puede llevar el amor que está preparando para ti.

Un Amor que Vale la Pena Esperar: Felices para Siempre

"Todo tiene su tiempo, y todo lo que se quiere debajo del cielo tiene su hora." – Eclesiastés 3:1

Historia: Del retraso al destino

Noemí tenía 32 años y era soltera. Había visto casarse a todas sus amigas, algunas felices, otras no. Sirvió en la Iglesia, creció en su carrera, viajó y sanó... Pero por dentro, sentía que el tiempo se le escapaba de las manos.

Luego conoció a Marcos, un misionero viudo con una fuerza tranquila y un corazón profundo para Dios. Mientras hablaban, se dio cuenta: *si nos hubiéramos conocido hace cinco años, yo no habría estado lista. Habría saboteado esto.*

Mirando hacia atrás, el retraso *no fue una negación*. Era la gracia. Era una preparación.

Dios había estado trabajando en ambos, de modo que cuando se conocieron, no solo estaban *listos para el amor*, sino que estaban *listos para darlo de la manera en que Dios lo diseñó*.

¿Qué pasa en la espera?

1. Dios desarrolla tu carácter

"Sabiendo esto, que la prueba de vuestra fe produce paciencia." – Santiago 1:3

Un Amor que Vale la Pena Esperar: Felices para Siempre

Esperar no es pasivo, es rendición activa.

- Dios refina tu identidad para que no la busques en una pareja.

- Él te enseña a amarlo primero, para que no idolatras a tu futuro cónyuge.

- Él amplía tu capacidad de dar, no solo de recibir.

2. Dios sana tu historia

De vez en cuando Dios no trae a "uno" todavía, porque Él todavía está sanando "las heridas" de la última.

"Él sana a los quebrantados de corazón, y venda sus heridas." – Salmo 147:3

El matrimonio debe celebrarse con claridad, no con confusión; integridad, no desesperación.

Sanar ahora protege tu amor más tarde.

3. Dios te entrena en un propósito

"Deléitate asimismo en Jehová, y él te concederá las peticiones de tu corazón." – Salmo 37:4

Muchas personas desperdician sus años de soltería esperando ser elegidas, en lugar de seguir su llamado.

Un Amor que Vale la Pena Esperar: Felices para Siempre

Cuando tu vida está llena de propósito, el amor no te distraerá de tu misión, sino que la mejorará.

¿Sabías que...?

Los psicólogos están de acuerdo en que las personas que desarrollan una fuerte identidad propia y un fuerte propósito de vida antes de entrar en relaciones románticas experimentan **un apego más saludable**, una mayor satisfacción y menos dependencia emocional.

La madurez espiritual, la salud emocional y un claro sentido de propósito son algunos de los **predictores más fuertes del éxito matrimonial a largo plazo.** – Fuente: Dra. Sue Johnson, Love Sense: The Revolutionary New Science of Romantic Relationships

Dios no llega tarde, es preciso

Esta meditación te invita a abrazar la verdad de que nuestro Dios orquesta la vida a través de citas divinas. Su tiempo nunca es accidental o retrasado; en cambio, se adapta a nuestro crecimiento, preparación y Su propósito eterno. Al considerar los ejemplos de tiempo divino en las Escrituras, ruego que encuentre aliento y una confianza renovada en el plan perfecto de Dios.

Un Amor que Vale la Pena Esperar: Felices para Siempre

Citas divinas que hablan de precisión

El historial de Dios sobre el tiempo divino es evidente a lo largo de las Escrituras. Él orquesta los hitos de la vida con una precisión extraordinaria.

- **Él llevó a Eva a Adán solo cuando Adán estaba listo para recibirla.** Dios no apresuró el proceso de la creación, sino que dispuso su unión de acuerdo con la disposición del corazón de Adán, un nombramiento divino que fue a la vez deliberado y sagrado.

- **Mantuvo a Isaac soltero hasta que Rebeca llegó al pozo.** En la historia de Isaac, Dios guardó pacientemente la promesa de un compañero adecuado. La soledad de Isaac no fue un signo de negligencia, sino un período intencional de preparación hasta que apareció la pareja adecuada en el momento perfecto.

- **Él entrenó a Rut a través de la pérdida antes de traer a Booz a su vida.** El viaje de Rut es un testimonio del proceso de refinamiento de Dios. A través de sus dificultades y pérdidas, Dios preparó su carácter para una profunda unión de pacto con Booz, una relación que finalmente revelaría Su plan redentor para una nación.

En cada uno de estos ejemplos, el amor y la redención no fueron apresurados. En cambio, la precisión de Dios aseguró que cada nombramiento se alineara con Sus

Un Amor que Vale la Pena Esperar: Felices para Siempre

propósitos más elevados de moldear el carácter, profundizar la fe y manifestar Su gloria.

El llamado a esperar en el Señor

Las Escrituras ofrecen una invitación eterna a confiar en el tiempo de Dios. Como exhorta el Salmo 27:14, "Aguarda a Jehová; Esfuérzate, y aliéntese tu corazón; Sí, espera a Jehová."

Este versículo nos recuerda que la espera no es un estado pasivo, sino un acto de valiente confianza. Cuando nos negamos a ceder a la impaciencia, permitimos que el espíritu de Dios obre en nosotros, moldeando nuestro carácter y preparándonos para las bendiciones que son inseparables de la obediencia y la perseverancia.

Recuerda: Esperar no retrasa tu bendición, la **impaciencia sí**. En nuestra prisa, corremos el riesgo de comprometer el proceso mismo a través del cual Dios nos refina. Cuando elegimos descansar en Su promesa y tiempo, cada temporada de espera se convierte en un período sagrado de profundización de la confianza y la preparación para el futuro.

Abrazando el tiempo preciso de Dios en tu vida

Considere estas preguntas reflexivas al evaluar su camino de fe y relaciones:

Un Amor que Vale la Pena Esperar: Felices para Siempre

- **¿Estás confiando pacientemente en el tiempo de Dios en tu vida?** Al igual que Adán esperando recibir a su compañero, ¿estás preparado para dar la bienvenida a tu vida, al pueblo, las oportunidades y las estaciones señaladas por Dios cuando lleguen?

- **¿Ves la belleza en los nombramientos divinos en lugar de apresurarte a seguir Su plan?** Reconoce que cada retraso o temporada de espera es una preparación para una bendición mayor, cada momento finamente ajustado a tu crecimiento y al propósito de Dios.

- **¿De qué manera podría la impaciencia estar obstaculizando tu progreso?** Reflexiona sobre las formas en que la impulsividad o las decisiones apresuradas podrían estar restando valor a la preparación cuidadosa que Dios desea para el viaje de tu vida.

Cuando miras el plan de Dios para el amor y la vida, encuentras la seguridad de que nada es verdaderamente aleatorio. Cada detalle, cada pausa, es parte de Su diseño magistral, un recordatorio de que Dios nunca llega tarde; siempre es preciso.

Dios no llega tarde, es preciso. En Sus citas divinas, Él orquesta cada detalle de tu viaje. Desde llevar a Eva a Adán, hacer esperar a Isaac hasta que apareció Rebeca, o refinar el carácter de Rut a través de la pérdida antes de unirla con Booz, Su tiempo es intencional. Confiar en Dios significa abrazar la sagrada espera, sabiendo que cuando

Un Amor que Vale la Pena Esperar: Felices para Siempre

lo haces, te alineas con un destino diseñado deliberada y amorosamente por el Creador.

Que continúes esperando en el Señor con valentía y anticipación, confiado en que cada tiempo de retraso en tu vida es un testimonio del tiempo preciso y perfecto de Dios.

Que esta reflexión te inspire a confiar en el tiempo perfecto de Dios y a deleitarte en las citas precisas e intencionales que Él ha diseñado para tu vida.

Oración para la Temporada de Espera

Aquí hay algunas meditaciones reflexivas y oraciones sobre la temporada de espera, una que invita a la fe sobre la frustración, restaura la esperanza sobre la desesperación y alinea cada paso con el tiempo perfecto de Dios. A medida que leas, que te animes a ver esta temporada no como un vacío o una demora, sino como un terreno fértil en el que Dios te está preparando para las bendiciones que ya ha dispuesto.

Oración para la Temporada de Espera

Señor, enséñame a esperar con fe, no con frustración. En la quietud de la espera, nuestro impulso natural es sentirnos impacientes o inquietos. Sin embargo, las Escrituras nos recuerdan que la espera es una oportunidad sagrada para crecer y ser moldeados a Tu imagen. Como

Un Amor que Vale la Pena Esperar: Felices para Siempre

exhorta el Salmo 27:14: "Aguarda a Jehová; Esfuérzate, y aliéntese tu corazón; Sí, espera a Jehová." Cuando la frustración amenaza con echar raíces, recordemos que el tiempo de espera es un tiempo de preparación. Así como una semilla permanece dormida en la oscuridad antes de florecer, nuestras vidas también están siendo nutridas por Tu mano divina. Reflexiona sobre los momentos en los que los retrasos se convirtieron en avances, todos testimonios de Tu fidelidad y tiempo.

Recuérdame que Tu nunca llegas tarde. En nuestro mundo apresurado, es fácil equiparar el retraso con el abandono. Sin embargo, Tu Palabra nos asegura que Tu tiempo es perfecto. Isaías 55:8-9 declara: "Porque mis pensamientos no son vuestros pensamientos, ni vuestros caminos mis caminos, dijo Jehová."

Cuando la duda se cuela en nuestros corazones, recordemos que el Creador de todas las cosas obra fuera de las limitaciones del tiempo humano. Imagínese a un corredor en una carrera: a la línea de meta no se llega apresurando, sino a un ritmo constante y seguro. En la temporada de espera, emulemos a ese corredor, confiando en que en Tu horario perfecto, cada momento no es ni temprano ni tarde, sino exactamente como debería ser.

Llena mi corazón de propósito, sanación y alegría, no de desesperación. La espera puede convertirse en un momento de anhelo cuando nos enfocamos en lo que falta.

Un Amor que Vale la Pena Esperar: Felices para Siempre

En cambio, que esta temporada esté marcada por el gozo profundo y sustentador que proviene de conocerte.

El Salmo 147:3 nos consuela con estas palabras, "Él sana a los quebrantados de corazón, y venda sus heridas." Mientras esperas, permite que Tu Palabra renueve tu espíritu y te llene de esperanza. Considere el ejemplo de una persona que se recupera de una pérdida: cada día que pasa en oración y reflexión silenciosa repara lentamente las fracturas de la desesperación, reemplazándolas con gracia sanadora y propósito divino. Deja que el amor y la gratitud sean el lenguaje de tu corazón mientras restauras la plenitud desde adentro.

Y cuando sea el momento adecuado, alinea mis pasos con el que has preparado. El viaje de la espera encuentra su cumplimiento cuando nos entregamos por completo a Tu guía. Proverbios 3:5-6 nos instruye: "Fíate de Jehová de todo tu corazón, y no te apoyes en tu propia prudencia. Reconócelo en todos tus caminos, y él enderezará tus veredas."

Imagina a un viajero navegando por un territorio desconocido, con los ojos fijos en el camino revelado por un guía de confianza. En la plenitud de los tiempos, que cada paso esté alineado con el destino que has orquestado para que cada elección refleje tu voluntad. Permita que la temporada de espera refine su visión e ilumine el camino por delante, transformando la incertidumbre en un camino de fe seguro.

Un Amor que Vale la Pena Esperar: Felices para Siempre

Hasta entonces, hazme íntegro en Ti. Amén.

Completa la oración pidiéndole a Dios que llene cada vacío con Su presencia. Es en Tu plenitud que encontramos nuestra verdadera identidad. Elena G. de White expresa de manera hermosa que, al aprender a confiar y esperar en el Señor, nuestras almas son inundadas por una paz duradera que no puede ser afectada por las dificultades terrenales. En esta espera sagrada, que Su amor nos refine y transforme, haciéndonos portadores de esperanza y vehículos de Su gracia celestial.

La temporada de espera no es simplemente una pausa entre eventos, sino una cita divina con Dios. Es un momento para cultivar la fe por encima de la frustración, para recordar que nunca llegas tarde y para permitir que Tu presencia sanadora llene nuestros corazones de propósito y alegría. A medida que avanzas en esta temporada, apóyate en las promesas de las Escrituras, busca aliento en una comunión piadosa y aférrate a la seguridad de que cada paso está alineado con Tu plan eterno.

Que esta oración y reflexión sirvan como un recordatorio constante de que Tu espera no es en vano, sino maravillosamente orquestada por la mano perfecta de Dios. Permanezcan arraigados en Su amor y confíen en que el tiempo de espera está forjando un destino mucho más allá de su comprensión actual. Amén.

Un Amor que Vale la Pena Esperar: Felices para Siempre

Preguntas de reflexión

1. ¿Estoy esperando activamente, creciendo en propósito, identidad y sanación?

2. ¿He entregado el *tiempo* y la *persona* a Dios?

3. ¿Me estoy preparando para dar amor, no solo para recibirlo?

4. ¿Qué parte de mi corazón aún necesita sanar antes del matrimonio?

 ESCRIBE EN TU DIARIO

Escríbele una carta a tu futuro cónyuge. No te limites a expresar anhelo, expresa en quién te estás convirtiendo mientras esperas. Luego escríbete una carta a ti mismo, afirmando el valor y la belleza de tu temporada actual.

Un Amor que Vale la Pena Esperar: Felices para Siempre

Capítulo 10 El amor verdadero espera: pureza, poder y el propósito de salvarte a ti mismo

"Huid de la fornicación. Cualquier otro pecado que el hombre cometa, está fuera del cuerpo; mas el que fornica, contra su propio cuerpo peca." – 1 Corintios 6:18

Lo que el mundo llama poder, Dios lo llama veneno

El mundo lo llama empoderamiento. Los programas de televisión dicen "explórate a ti mismo". Las redes sociales dicen que "solo se vive una vez". Pero Dios dice: *"Espera"*.

No porque Él quiera privarte, sino porque anhela protegerte.

La pureza no es vergüenza. Es poder. Es la declaración audaz y radical: *"No daré lo que Dios diseñó para ser santo"*.

Otra vez White nos recuerda que el enemigo intenta disminuir los estándares de pureza y erosionar el carácter al contaminar los pensamientos y avivar las pasiones desordenadas. Aquellos que desean conservar sus facultades para servir a Dios deben abstenerse de todo aquello que fomente la impureza.

Este capítulo no trata sobre la culpa. Se trata de la libertad, ya sea que sigas caminando en pureza o anheles volver a

Un Amor que Vale la Pena Esperar: Felices para Siempre

ella. Dios puede redimir y restaurar lo que se perdió, y proteger lo que queda.

Historia: Un coraje diferente

David creció en un hogar donde se esperaba la abstinencia. Pero en la universidad, todo cambió. Sus amigos se burlaban de sus convicciones. "Hermano, eres demasiado santo para tu propio bien".

Dudaba de sí mismo. Casi me rindo. Pero una noche, después de un poderoso mensaje sobre la pureza y el propósito, hizo un nuevo voto: *"Esperaré, no porque sea mejor, sino porque soy de Dios"*.

Años más tarde, en su boda, se quedó con lágrimas en los ojos mientras su novia decía: "Gracias... por proteger lo que la mayoría de los hombres habrían cambiado por un momento de placer. Me lo has guardado.

Valió la pena.

Por qué la pureza sigue siendo Importante

1. Tu cuerpo es un templo

"¿O ignoráis que vuestro cuerpo es templo del Espíritu Santo, el cual está en vosotros, el cual tenéis de Dios, y que no sois vuestros?" – 1 Corintios 6:19

Un Amor que Vale la Pena Esperar: Felices para Siempre

No necesitas una boda para ser sagrada. Tu pureza te convierte en morada de Dios mismo. No eres común. No eres tacaño. Ustedes están **consagrados**.

2. El sexo nunca fue solo físico

Hollywood dice que es solo un acto físico. Pero la ciencia, y las Escrituras, dicen lo contrario.

El sexo crea **lazos emocionales, químicos y espirituales** diseñados para unir dos almas en una.

"… y serán una sola carne."– Génesis 2:24

Fuera del pacto, ese vínculo crea dolor en lugar de unidad.

3. La pureza protege tu futuro matrimonio

Cada encuentro sexual pasado se convierte en un *recuerdo en su lecho matrimonial*, a menos que se rinda y sane.

Las parejas que eligen la abstinencia antes del matrimonio reportan una mayor confianza, una intimidad emocional más profunda y tasas de divorcio más bajas.

El amor genuino busca edificar y proteger a quien se ama. Nunca llevará al daño, ni permitirá que se degrade, se contamine o se destruya.

Un Amor que Vale la Pena Esperar: Felices para Siempre

La pureza no se trata solo de decir "no", se trata de decir *sí* a algo mejor.

4. Puedes empezar de nuevo

Si ya has cruzado la línea, no hay condena. Solo invitación.

Invitación al perdón. A la curación. A la restauración.

Jesús le dijo a la mujer sorprendida en adulterio: "…Entonces Jesús le dijo: Ni yo te condeno; vete, y no peques más." – Juan 8:11

Tú no eres tu pasado. Tú eres Su amado.

¿Sabías que...?

Un estudio longitudinal realizado por el Instituto de Estudios de la Familia encontró que las personas que se abstuvieron de tener relaciones sexuales prematrimoniales, o que renovaron un compromiso con la pureza más adelante en la vida, informaron una satisfacción marital, confianza y vínculos emocionales significativamente mayores.

La pureza no está pasada de moda. Es un diseño divino.
— Fuente: Wilcox y Wolfinger, 2019, IFS

Un Amor que Vale la Pena Esperar: Felices para Siempre

Cómo proteger tu pureza (o empezar de nuevo)

Esta guía está diseñada para ayudarte a reafirmar tu compromiso de vivir una vida que honre a Dios a través de límites claros, una comunidad piadosa, una vida con propósito, la confesión y la oración diaria. Que encuentres aliento y fortaleza a medida que abrazas un camino renovado de pureza y plenitud en Cristo.

1. Establece límites físicos antes de que la emoción se apodere de ti

Antes de que la pasión gane rienda suelta, decide límites físicos claros que honren la sacralidad de tu cuerpo. Al igual que un constructor marca los límites de una cimentación antes de construir una casa duradera, usted debe determinar intencionalmente sus límites mientras todavía tiene el control total, no en el calor del momento. Nuestros cuerpos son templos del Espíritu Santo, y al establecer límites de manera proactiva, estás protegiendo ese templo para que no se vea empañado por acciones impulsivas.

Reflexiones sobre 1 Corintios 6:19-20, "¿O ignoráis que vuestro cuerpo es templo del Espíritu Santo, el cual está en vosotros, el cual tenéis de Dios, y que no sois vuestros? Porque habéis sido comprados por precio; glorificad, pues, a Dios en vuestro cuerpo y en vuestro espíritu, los cuales son de Dios." Es un llamado profundo a reconocer la santidad de nuestro cuerpo y a vivir en gratitud por el sacrificio de Cristo.

Un Amor que Vale la Pena Esperar: Felices para Siempre

Por ejemplo, si vas a iniciar una nueva relación, puede ser prudente discutir y acordar tus límites con anticipación. Esta estrategia proactiva asegura que ambos honren el diseño de Dios para la intimidad, incluso antes de que las emociones estén a flor de piel.

2. Rodéate de personas que compartan tus valores

La pureza rara vez se mantiene de forma aislada. Prospera dentro de una comunidad de creyentes que lo apoyan y piensan, como él, un verdadero círculo de pureza que te anima a vivir de acuerdo con las normas piadosas.

Proverbios 27:17 nos recuerda, "Hierro con hierro se aguza; y así el hombre aguza el rostro de su amigo." Es un versículo que resalta la importancia de las relaciones que nos desafían y nos fortalecen.

Busca amigos, mentores y comunidades eclesiásticas que refuercen tus valores en lugar de presionarte para que te comprometas. Imagínese un círculo de compañeros de confianza que se reúnen regularmente para estudiar la Biblia, orar y conversar honestamente. Este tipo de comunidad te ayuda a mantenerte responsable y fortalece tu determinación de mantener la pureza en cada área de tu vida.

Un Amor que Vale la Pena Esperar: Felices para Siempre

3. Reemplaza la tentación con la misión

Cuando la tentación trate de alejarte de tu compromiso, deja que tu corazón sea refrescado por un llamado más elevado. Llena tus días de propósito y misión para que el encanto del placer momentáneo se oscurezca en comparación con la búsqueda apasionada de la voluntad de Dios.

Romanos 12:2 aconseja, "No os conforméis a este siglo, sino transformaos por medio de la renovación de vuestro entendimiento, para que comprobéis cuál sea la buena voluntad de Dios, agradable y perfecta." Es un llamado a vivir de acuerdo con los principios divinos, dejando atrás las influencias del mundo.

Considere redirigir su enfoque: en lugar de demorarse en la tentación, invierte tiempo en servir en su iglesia, ofrecerse como voluntario en su comunidad o llevar a cabo actividades que glorifiquen a Dios. Cuando ardes por Su misión, naturalmente encontrarás menos espacio para cualquier compromiso que reste valor a tu llamado celestial.

4. Confiesa y recibe sanación si has caído

Incluso cuando tropiezas, la gracia de Dios se extiende más allá del mero perdón: Él restaura tu dignidad y renueva tu espíritu. La confesión no es una admisión de derrota, sino un valiente paso hacia la libertad. Cuando confiesas tus defectos y pecados a Dios, te abres a Su sanación redentora.

En 1 Juan 1:9 tenemos una promesa, "Si confesamos nuestros pecados, él es fiel y justo para perdonar nuestros pecados, y limpiarnos de toda maldad." Es un versículo que resalta la fidelidad y la justicia de Dios al ofrecernos perdón y purificación.

Abraza la verdad de que Dios no solo perdona; Él sana. Ya sea a través de la oración privada, conversaciones responsables con un mentor de confianza o asesoramiento de apoyo, permite que Su amor te restaure. Como nos recuerda White, la verdadera restauración nos devuelve la dignidad y el brillo de una vida dedicada a Su servicio, preparándote para comenzar de nuevo con un corazón renovado.

5. Ore diariamente por la pureza de corazón, mente y cuerpo

La verdadera pureza se cultiva de adentro hacia afuera, comenzando con el corazón y la mente. La oración diaria es una práctica poderosa que reorienta tus pensamientos y deseos hacia Dios.

El Salmo 51:10 se hace eco de esta necesidad, "Crea en mí, oh Dios, un corazón limpio, y renueva un espíritu recto

Un Amor que Vale la Pena Esperar: Felices para Siempre

dentro de mí." Es una oración profunda que refleja el deseo de transformación y purificación espiritual.

Haz que sea un hábito diario pedirle al Señor pureza. Antes de que los desafíos del día se apoderen de ti, dedique tiempo a la oración, ya sea en la tranquilidad de la mañana o durante momentos de pausa a lo largo del día. Esta disciplina espiritual protege tu mente contra las influencias negativas y construye una vida en la que cada acción refleja tu compromiso con Dios. Con el tiempo, esta práctica transforma la pureza de un objetivo fugaz en una forma de vida.

Proteger tu pureza es un viaje diario con propósito, un compromiso que comienza con el establecimiento de límites físicos proactivos, la búsqueda de una comunidad que comparta tus valores, la redirección de la tentación a través de una misión clara y la aceptación de la gracia sanadora de Dios a través de la confesión. Junto con la oración diaria, estos pasos te ayudarán a comenzar de nuevo, viviendo una vida que honra a Dios en cada pensamiento, palabra y acción.

Que esta guía completa te capacite para proteger tu pureza y comenzar de nuevo con confianza en el amor redentor de Dios, sabiendo que cada paso que das es un acto deliberado de adoración y un reflejo de tu compromiso con Su designio eterno.

Un Amor que Vale la Pena Esperar: Felices para Siempre

Oración por la pureza

Jesús, te entrego mi cuerpo, mis emociones, mis deseos. Guarda lo que es sagrado. Limpia lo que está herido. Sana lo que regalé. No quiero ser puro solo en la acción, sino en el corazón. Enséñame a esperar con alegría y a amar con santidad. Te pertenezco. Amén.

Preguntas de reflexión

1. ¿Veo la pureza como una carga, o como una protección y un propósito?

2. ¿Qué límites tengo que poner hoy?

3. ¿He permitido que la vergüenza me aleje de la gracia de Dios?

4. ¿Qué tipo de legado quiero llevar a mi futuro matrimonio?

ESCRIBE EN TU DIARIO

Escribe una promesa de pureza, no una basada en el miedo o la religión, sino en el **amor**. Un voto a Dios de que deseas caminar en integridad, sanación y santidad, a partir de este día, sin importar tu pasado.

Capítulo 11 Historias de amor escritas por Dios: ¿Qué sucede cuando le dejas elegir?

Historias de amor escritas por Dios: ¿Qué sucede cuando le dejas elegir?

"Por Jehová son ordenados los pasos del hombre, y él aprueba su camino." – Salmo 37:23

Historias que solo el cielo puede escribir

Ella oró por él antes de conocerlo. Le pidió a Dios una señal, y la paz se convirtió en su respuesta. No era un cuento de hadas. Era algo mejor: **una historia escrita por Dios**.

En el mundo de hoy, todo el mundo quiere escribir su historia de amor:

- Desliza el dedo rápidamente.
- Ama intensamente.
- Vete cuando duela.
- Repite el ciclo.

Un Amor que Vale la Pena Esperar: Felices para Siempre

Pero Dios no escribe romances de usar y tirar. Él escribe **convenios eternos.** No improvisa. Ordena **pasos.** Él no te precipita por un precipicio, sino que te prepara para volar.

En la búsqueda de un compañero de vida, **es esencial que los jóvenes tomen decisiones basadas en principios sólidos y valores duraderos.** Es sabio acudir al consejo de aquellos con experiencia y madurez, quienes pueden ofrecer perspectivas valiosas y guías prácticas. Más importante aún, este proceso debe ser llevado delante de Dios con oración constante y ferviente, pidiendo Su dirección y discernimiento. Cuando las decisiones se hacen con fundamento en los valores espirituales y bajo la guía divina, se establece una base sólida para construir una relación que honre a Dios y promueva el crecimiento mutuo.

Profundizando, esta enseñanza subraya la importancia de evitar elecciones impulsivas que puedan estar motivadas por emociones pasajeras o atracciones superficiales. La oración se convierte en un acto de entrega, donde se busca la voluntad de Dios por encima de los propios deseos. Además, el consejo sabio de personas con experiencia actúa como un espejo que refleja realidades que quizá no se perciben en el momento. Todo esto fomenta relaciones que no solo son gratificantes, sino que también son una representación del amor y propósito de Dios para nuestras vidas.

Un Amor que Vale la Pena Esperar: Felices para Siempre

Historia: Cuando Dios sostiene la pluma

Camila dejó de buscar. Después de múltiples desamores, oró: "Señor, ya no quiero que el dolor se vista de amor. Si no estás escribiendo esta historia, no quiero escribir ni siquiera el primer capítulo".

Durante un viaje misionero al Amazonas, conoció a David. No fue amor a primera vista. Era amistad, servicio, oración... y el tiempo.

Dos años después, de pie bajo un sencillo altar, Camila susurró entre lágrimas: *"Gracias... por esperar el guión que Dios estaba escribiendo"*.

No hubo drama. Sin dudas. Paz justa. Porque cuando Dios escribe la historia, la **paz firma cada página**.

5 señales de una historia de amor escrita por Dios

Cuando Dios mismo escribe tu historia de amor, da fruto en todas las áreas de tu relación, desde la paz y el propósito compartido hasta la comunidad, la integridad y el carácter. Que estas señales te inspiren a reconocer Su toque divino en tu unión y te guíen hacia una relación que lo honre y refleje Su amor por el mundo.

1. La paz constante del Espíritu Santo

Una historia de amor escrita por Dios está marcada por una serena seguridad que no proviene de la lógica

Un Amor que Vale la Pena Esperar: Felices para Siempre

humana, sino de la paz del Espíritu Santo. Como Colosenses 3:15 declara, "Y la paz de Dios gobierne en vuestros corazones, a la que asimismo fuisteis llamados en un solo cuerpo; y sed agradecidos." Es un versículo que nos invita a vivir en armonía y gratitud, reconociendo la paz de Dios como guía en nuestras vidas.

Esta paz no es ruidosa ni extravagante; Es sutil y constante. Cuando experimentas una paz constante, sabes que el Espíritu de Dios está obrando, incluso en medio de las tormentas de la vida. Por ejemplo, considere los momentos en que surgen desacuerdos o desafíos: en lugar de confusión o frustración, ambos miembros de la pareja encuentran calma y seguridad en la oración y la reflexión. Esa tranquilidad interior, una confirmación suave, pero profunda de la presencia de Dios, te dice que tu relación está anclada en la verdad divina. Cuando Su paz está presente, la confusión, el tormento o la presión indebida simplemente no tienen espacio para florecer.

2. Ambos aman a Dios más de lo que se aman el uno al otro

En una relación centrada en Dios, el amor de Dios es el enfoque principal, y el afecto que compartes refleja Su gloria en lugar de competir con ella. Como dice Amós 3:3: "¿Andarán dos juntos, si no están de acuerdo?"

Este signo significa que ambos miembros de la pareja buscan una relación profunda y personal con Dios que

Un Amor que Vale la Pena Esperar: Felices para Siempre

establece la base para todas las demás conexiones. Cuando cada persona valora a Dios por encima de todo, incluido su amor romántico, cada interacción se convierte en una extensión de su devoción a Él. Pensemos en una pareja que ora junta con diligencia, estudia la Biblia con regularidad e involucra a Dios en cada decisión. Su amor mutuo florece solo porque es un reflejo de su gratitud y compromiso hacia aquel que los amó primero. Por el contrario, si uno de los miembros de la pareja busca a Cristo mientras el otro va a la deriva, la disonancia revela un camino dividido, no una alineación verdaderamente divina.

3. Hay un propósito compartido, no solo atracción

Dios no une a las personas únicamente por motivos de atracción romántica, sino que las vincula con un propósito más alto. Una relación diseñada por Dios se caracteriza por una misión conjunta y una visión compartida que trasciende la mera atracción física, tal como lo enfatiza Elena G. de White.

"Dios quiere que los hogares sean campos misioneros".

Esto significa que su relación no se trata solo de la emoción, de la atracción, sino de emprender una misión con propósito juntos. Imagínese a una pareja que no está satisfecha con simplemente disfrutar de la compañía del otro en un nivel superficial, sino que también busca tender la mano en el servicio a los demás, ya sea a través del alcance comunitario, los ministerios de la iglesia o los actos compasivos que reflejan el amor de Cristo. Su unión sirve como un faro de esperanza, un testimonio viviente de que las relaciones basadas en un propósito divino pueden transformar no solo sus vidas, sino también las vidas de quienes las rodean.

4. La relación da la bienvenida al consejo y a la comunidad

Una relación escrita por Dios está abierta a la luz y se nutre de sabios consejos y de una comunidad que la apoya. No se esconde detrás de puertas cerradas, sino que da la bienvenida a las percepciones de mentores, padres y líderes espirituales.

Proverbios 11:14 nos recuerda, "Donde no hay dirección sabia, caerá el pueblo; Mas en la multitud de consejeros hay seguridad." Este versículo destaca la importancia de la guía sabia y el valor de buscar consejo en comunidad.

Este signo indica que no estás aislado en tu camino de amor. En cambio, invitas a aquellos que son maduros en su fe a hablar la verdad en tu relación. Por ejemplo, pensemos en una pareja que asiste regularmente a las reuniones de parejas o participa en estudios bíblicos comunitarios; estas reuniones ofrecen orientación, afirmación y un sentido de responsabilidad. El consejo de asesores de confianza ayuda a confirmar que el amor que comparten no solo es tierno, sino que también está arraigado en la sabiduría y el discernimiento, una salvaguardia vital contra los desafíos inevitables de la vida.

5. Ambos miembros de la pareja muestran los frutos del Espíritu

La evidencia definitiva de una historia de amor escrita por Dios se ve en el carácter de las personas involucradas.

Mateo 7:20 enseña, "Así que, por sus frutos los conoceréis." Este versículo nos enseña a discernir el carácter y las intenciones de las personas a través de sus acciones y resultados.

Cuando ambos miembros de la pareja exhiben los frutos del Espíritu —bondad, paciencia, dominio propio, fidelidad y amor— es una clara señal de que la relación está cimentada en Cristo. Esto va mucho más allá de la química física o el encanto superficial. Habla de la transformación que tiene lugar cuando los corazones se rinden al Señor. Imagínese a una pareja que elige activamente el perdón en lugar de la ira, el aliento en lugar de la crítica y el servicio en lugar del interés propio. Sus acciones reflejan el amor de Cristo, de tal manera que otros pueden ver Su obra en sus vidas. Es un testimonio del hecho de que una relación construida sobre la madurez espiritual es a la vez resistente y radiante.

Un Amor que Vale la Pena Esperar: Felices para Siempre

Una historia de amor escrita por Dios se destaca por su profundidad y alineación divina. Lleva una paz tranquila y persistente, refleja un amor mutuo por Dios por encima de todo y está alimentado por una misión compartida que va mucho más allá de la atracción. Da la bienvenida al consejo sabio y, en última instancia, se caracteriza por los frutos del Espíritu, evidencia de que estos corazones laten al unísono con el designio eterno de Dios. Al considerar estas señales, que se animen a buscar un amor que no sea meramente humano, sino que haya sido escrito por Dios mismo.

Que estas reflexiones iluminen tu camino, confirmando que tu historia de amor está divinamente orquestada, un testimonio del poder transformador y duradero del amor de Dios.

¿Sabías que...?

La investigación de la Universidad de Baylor y la Universidad de Chicago muestra que **los matrimonios formados a través de comunidades espirituales activas** (como la iglesia o las misiones) experimentan una mayor satisfacción, menores tasas de abuso y mayor longevidad que los patrones seculares de citas.

Dios realmente escribe las mejores historias. — Fuente: Wilcox, W. B. (2017), *National Marriage Project*

Un Amor que Vale la Pena Esperar: Felices para Siempre

Cuando Dios elige, también sostiene

Cuando Dios une los corazones, también provee:

- Gracia para esperar
- Sabiduría para discernir
- Fuerza para comprometerse

"Por tanto, lo que Dios ha unido, no lo separe el hombre."
– Marcos 10:9

Oración

Señor, si no estás escribiendo mi historia, no quiero tomar la pluma. Ralentiza mi corazón. Despeja mi mente. Que mis emociones no superen a Tu voz. Confío en que escribirás algo mejor de lo que jamás podría imaginar. Cuando lo escribas, no solo se sentirá bien, sino que te glorificará. Amén.

Un Amor que Vale la Pena Esperar: Felices para Siempre

Preguntas de reflexión

1. ¿Estoy dejando que Dios escriba mi historia de amor o tratando de controlar la trama?

2. ¿Qué cualidades buscaría en alguien si mi principal prioridad fuera agradar a Dios?

3. ¿Cómo respondo cuando Dios dice "todavía no"?

4. ¿Estoy espiritualmente preparado para amar a alguien como lo hace Jesús?

Aviso de diario

Escríbele una carta a tu futuro yo el día de tu boda. ¿Por qué esperas agradecer a Dios? ¿Qué estás orando para que tu historia diga? ¿Qué clase de amor le estás pidiendo que escriba para ti?

Capítulo 12 Antes de decir que sí: Preguntas que debe hacer antes de casarse

"Con sabiduría se edificará la casa, y con prudencia se afirmará; y con ciencia se llenarán las cámaras de todo bien preciado y agradable." – Proverbios 24:3-4

Este pasaje resalta la importancia de la sabiduría, la prudencia y el conocimiento como fundamentos para construir una vida plena y bendecida.

El amor no es suficiente

"Estoy enamorada". Pero es un buen hombre. Es hermosa y hemos estado juntos durante años".

Estas son razones comunes por las que las personas dicen sí al matrimonio, y también razones comunes por las que luego dicen: *"Cometí un error"*.

El matrimonio no se construye sobre mariposas. Se basa en **la sabiduría, la claridad** y **la alineación**. El amor es esencial, pero **debe ser examinado**.

Antes de que digas *sí* a la eternidad, Dios te invita a hacer preguntas profundas, no solo sobre tu pareja, sino sobre ti mismo.

Un Amor que Vale la Pena Esperar: Felices para Siempre

Porque la *persona adecuada en el momento equivocado* sigue siendo la decisión equivocada.

Seleccionar un compañero para toda la vida es una de las decisiones más trascendentales que se pueden tomar, y su importancia no debe ser subestimada, como destaca Elena G. de White.

Historia: Preguntas que nunca hizo

Nina dijo que sí porque no quería perderlo. Nunca preguntó sobre las finanzas, la fe, las heridas de la infancia o la resolución de conflictos. Oraron, pero nunca profundizaron. Ella pensó: *"Lo resolveremos una vez que nos casemos"*.

Tres años después, eran más como compañeros de cuarto que como socios. Se negó a recibir asesoramiento. Le molestaba su pasividad. Se amaban, pero no *se entendían.*

No hacían las preguntas difíciles, y ahora vivían en una decepción silenciosa.

10 preguntas que debes hacerte antes de decir que sí

1. ¿Esta persona me está acercando a Dios o me está distrayendo de Él?

Un Amor que Vale la Pena Esperar: Felices para Siempre

"Mas buscad primeramente el reino de Dios y su justicia, y todas estas cosas os serán añadidas." – Mateo 6:33

Este versículo nos invita a priorizar nuestra relación con Dios y Su justicia, confiando en que Él suplirá nuestras necesidades.

El matrimonio multiplica la dirección en la que ya vas. Si no están buscando a Cristo ahora, no lo priorizarán de repente más tarde.

2. ¿Tenemos visiones y misiones compatibles en la vida?

Dios no solo une los corazones, sino que une los llamados.

"¿Cómo pueden andar dos juntos, si no están de acuerdo?" – Amós 3:3

¿Compartes metas, valores y la pasión por construir algo más allá de ti mismo?

3. ¿Cómo manejan la ira, la presión y el fracaso?

No te vas a casar con su mejor yo en un buen día. Te comprometes con ellos en momentos de estrés, pérdida y conflicto.

"El necio da rienda suelta a toda su ira, Mas el sabio al fin la sosiega." – Proverbios 29:11

Un Amor que Vale la Pena Esperar: Felices para Siempre

Este versículo nos enseña la importancia de la sabiduría y el autocontrol frente a las emociones intensas. Observa cómo responden cuando la vida los aprieta, eso es lo que aparecerá en tu hogar.

4. ¿Están dispuestos a crecer, disculparse y ser corregidos?

Nadie es perfecto. Pero alguien a quien se **le puede enseñar** es alguien que puede construir un matrimonio duradero.

"El que tiene en poco la disciplina menosprecia su alma; Mas el que escucha la corrección tiene entendimiento." – Proverbios 15:32

Este versículo nos recuerda el valor de aceptar la corrección y la disciplina como herramientas para el crecimiento personal y espiritual.

La terquedad antes del matrimonio se convierte en destrucción después del matrimonio.

5. ¿Nos comunicamos bien o evitamos las conversaciones reales?

¿Te sientes escuchado, visto y respetado? ¿Pueden ambos hablar sobre las finanzas, las expectativas sexuales, la familia y la fe sin vergüenza ni cierre?

Un Amor que Vale la Pena Esperar: Felices para Siempre

La mala comunicación es la semilla de una futura desconexión.

6. ¿Nos hemos visto en todas las estaciones: alegría, dolor, estrés, conflicto?

La atracción es fácil en primavera. Pero el pacto debe sobrevivir a todas las estaciones.

Si nunca han atravesado dificultades juntos, es posible que aún no conozcan su verdadero carácter.

7. ¿Nuestras familias y mentores espirituales nos apoyan o hacen sonar las alarmas?

"Donde no hay dirección sabia, caerá el pueblo; Mas en la multitud de consejeros hay seguridad." – Proverbios 11:14

Este versículo subraya la importancia de la guía sabia y el valor de buscar consejo en comunidad para tomar decisiones acertadas.

No ignores las señales de alerta que plantean tus seres queridos. El consejo sabio es la salvaguarda de Dios.

Un Amor que Vale la Pena Esperar: Felices para Siempre

8. ¿Nos hemos curado de las heridas del pasado, o estamos llevando el equipaje al matrimonio?

No es necesario que seas perfecto, pero debes ser **consciente** y **estar comprometido con el crecimiento.**

"Él sana a los quebrantados ... "– Salmo 147:3

Las heridas no sanadas sangrarán en tu matrimonio. El amor exige preparación, no solo pasión.

9. ¿Estamos igualmente unidos en yugo espiritual?

No necesitas estar en el mismo "nivel", pero sí necesitas al **mismo Señor.**

"No os unáis en yugo desigual con los incrédulos... – 2 Corintios 6:14

El desajuste espiritual crea una vida de batalla silenciosa.

10. ¿Qué dice Dios? ¿He orado, y esperado, por Su paz?

Ninguna respuesta está completa hasta que el Cielo haya hablado.

Puede que la voz de Dios no llegue con relámpagos, pero su paz permanecerá a través de cada tormenta.

Un Amor que Vale la Pena Esperar: Felices para Siempre

"Tú guardarás en completa paz a aquel cuyo pensamiento en ti persevera; porque en ti ha confiado." – Isaías 26:3

¿Sabías que...?

Las parejas que reciben **asesoramiento prematrimonial** reducen su riesgo de divorcio en un **31%**, según el Journal of Family Psychology.

Hacer preguntas intencionales **ante** el altar conduce a una satisfacción más profunda **después de** él. — Fuente: Stanley, S. M. et al. (2006). Educación prematrimonial y calidad de las relaciones.

Oración para el discernimiento

Señor, no me dejes decir que sí por miedo, presión o fantasía. Dame ojos para ver como Tú ves. Dame coraje para alejarme si no es de Ti. Y si es así, dame paz, sabiduría y alegría. Dirige mi corazón con la verdad, no solo con la emoción. Amén.

Un Amor que Vale la Pena Esperar: Felices para Siempre

Preguntas de reflexión

1. ¿Qué preguntas he evitado hacer, por miedo a la respuesta?

2. ¿He invitado a Dios y a sabios consejos en el camino de mi relación?

3. ¿Estoy emocional y espiritualmente preparado para decir "sí" a un convenio?

4. ¿Qué creo que es el matrimonio y qué me falta aprender?

 ESCRIBE EN TU DIARIO

Escribe tu propia lista personalizada de 5 a 10 preguntas que creas que Dios te está incitando a hacer en tu temporada de preparación. Luego escribe una oración pidiéndole que te dé valor, claridad y la paz para esperar hasta que la respuesta sea clara.

Un Amor que Vale la Pena Esperar: Felices para Siempre

Capítulo 13 El amor después del sí: qué esperar y cómo prepararse para el compromiso

"Encomienda a Jehová tu camino, y confía en él; y él hará."
– Salmo 37:5

El sí es solo el comienzo

Dijiste que sí. El anillo está puesto. Comienza la cuenta regresiva. La emoción es real. Pero también lo son las preguntas. ¿Estaremos listos? ¿Y si los miedos se cuelan? ¿Qué espera Dios ahora?

Demasiadas personas se enfocan en la *boda* y se olvidan del *matrimonio*. Pero el compromiso no es solo un interludio romántico. Es una **ventana sagrada de preparación**, una temporada de refinamiento, un tiempo de fortalecimiento espiritual y emocional.

Dios no diseñó el compromiso para que fuera una sala de espera para el placer o el estrés, sino para que fuera un **taller para el pacto**.

El establecimiento de una relación verdaderamente feliz requiere un esfuerzo continuo en el desarrollo tanto de la mente como del corazón. Es en este crecimiento donde se encuentra la clave para construir una unión sólida y significativa. Cada persona debe asumir la

Un Amor que Vale la Pena Esperar: Felices para Siempre

responsabilidad de enriquecer la vida de su compañero, buscando intencionalmente formas de aportar alegría, comprensión y apoyo mutuo.

Profundizando, este principio refleja que una relación no puede florecer sin una base de compromiso, paciencia y altruismo. Cultivar el corazón implica fomentar cualidades como la empatía, la ternura y el perdón, mientras que nutrir la mente incluye desarrollar habilidades de comunicación, resolver conflictos con sabiduría y buscar un propósito común. Cuando ambas partes hacen de la felicidad del otro una prioridad, no solo se fortalece el vínculo, sino que se crea un ambiente donde ambos pueden crecer y prosperar individual y conjuntamente, reflejando el amor y la gracia de Dios en la relación.

Historia: La prueba antes del voto

Emma y Gabriel habían estado saliendo durante tres años. Su compromiso trajo mucha alegría, pero también una tensión inesperada. Finanza. Estilos de comunicación. Presión de la familia. Por un momento, Emma se preguntó: *"¿Ya estamos fallando?"*

Pero el sabio consejo les recordó: *El compromiso no se trata de ser perfecto, sino de prepararse con Dios.* Comenzaron la consejería prematrimonial, ayunaban semanalmente y se comprometieron con la honestidad y la humildad. Para el día de su boda, no solo estaban "enamorados", sino que estaban listos para la guerra y la adoración juntos.

7 cosas que puedes esperar durante el compromiso y cómo prepararte

A continuación, presentamos una exploración reflexiva de los desafíos y oportunidades clave durante la temporada de compromisos, un tiempo marcado por emociones intensas, batallas espirituales y el establecimiento de una base firme para una unión centrada en Dios. Que estas percepciones te animen a navegar cada temporada con oración, consejos sabios y un corazón cimentado en la verdad eterna de la Palabra de Dios.

1. Torbellinos emocionales

El compromiso es una temporada en la que la alegría y los nervios a menudo se entrelazan; La emoción de las promesas futuras a veces también puede despertar ansiedades. Lo más importante no es la eliminación completa de estas emociones, sino anclarlas en la verdad. Como proclama el Salmo 112:7, "No tendrá temor de malas noticias; su corazón está firme, confiado en Jehová."

Abraza estos torbellinos emocionales como una parte normal de tu viaje reservando momentos semanales dedicados para orar y discutir tus miedos juntos. Al hacerlo, permiten que Dios establezca sus corazones,

Un Amor que Vale la Pena Esperar: Felices para Siempre

reemplazando los sentimientos tormentosos impredecibles con una paz segura e inquebrantable que solo llega cuando la confianza en el Señor se abraza plenamente. Una pareja que se comunica intencionalmente puede convertir incluso los sentimientos más turbulentos en oportunidades para el crecimiento espiritual y la intimidad.

2. Batallas espirituales

Cuando Dios ordena una relación, el enemigo no se queda de brazos cruzados. El aumento de las tentaciones, las distracciones, las dudas y los retrasos pueden surgir como batallas espirituales para frustrar los planes divinos.

Efesios 6:12 nos recuerda, "Porque no tenemos lucha contra sangre y carne, sino contra principados, contra potestades, contra los gobernadores de las tinieblas de este siglo, contra huestes espirituales de maldad en las regiones celestes."

Entender que estas batallas no son un reflejo de insuficiencias personales, sino parte de la guerra espiritual que acompaña a todos los esfuerzos ordenados por Dios, te permite responder con oración y unidad. Ármense juntos ayunando, orando e invitando a amigos y mentores de confianza a orar por su relación. Al hacerlo, contrarrestas los planes del enemigo y fortaleces tu vínculo mientras caminas en la victoria establecida por Cristo.

Un Amor que Vale la Pena Esperar: Felices para Siempre

3. Consejería prematrimonial

La consejería prematrimonial no es negociable, no es un signo de debilidad, sino una profunda señal de madurez. Proporciona una oportunidad estructurada para explorar las dimensiones críticas de su futura vida juntos. En estas sesiones, profundizarás en áreas como:

- Finanza
- Dinámica familiar
- Sexo y expectativas
- Liderazgo espiritual
- Resolución de conflictos
- Los niños y la crianza de los hijos

La sabiduría de Proverbios 15:22 declara, "Los pensamientos son frustrados donde no hay consejo; Mas en la multitud de consejeros se afirman.

A través de la consejería prematrimonial, creas una base sólida sobre la cual cada desafío futuro puede ser enfrentado con unidad y comprensión. Este proceso te equipa con estrategias prácticas y profundiza tu conexión espiritual, asegurando que los planes y la visión de tu matrimonio estén alineados con la voluntad de Dios.

Un Amor que Vale la Pena Esperar: Felices para Siempre

4. Revisar los límites

A medida que la intimidad emocional se profundiza durante el compromiso, también lo hace la tentación de difuminar los límites físicos. Es esencial revisar y renovar sus compromisos de pureza con regularidad. Las palabras de Jesús en Mateo 26:41 ofrecen una poderosa guía para esta temporada, "Velad y orad, para que no entréis en tentación; el espíritu a la verdad está dispuesto, pero la carne es débil."

Al evaluar y fortalecer conscientemente los límites, un proceso que podría incluir la participación de socios responsables, te aseguras de que tu amor permanezca paciente y no se diluya por pasiones momentáneas. Regresar constantemente a estos límites ayuda a mantener tu enfoque en construir una relación que honre a Dios por encima de todo, reforzando que el amor verdadero está dispuesto a esperar la plenitud de lo que Dios ha destinado para ti.

5. La presión de la gente

Durante el compromiso, pueden surgir opiniones bien intencionadas de familiares, amigos o incluso miembros de la iglesia. Sin embargo, recuerde que su compromiso no es una decisión del comité, es un pacto hecho entre usted, su pareja y Dios. Romanos 14:5 aconseja, "Uno hace diferencia entre día y día; otro juzga iguales todos los días. Cada uno esté plenamente convencido en su propia mente."

Un Amor que Vale la Pena Esperar: Felices para Siempre

En lugar de permitir que voces externas dicten tu curso, busca el consejo piadoso de mentores de confianza que hablen la verdad con amor. Regresa siempre a la paz divina que solo el Señor puede traer. Equilibrar la influencia externa con sus convicciones personales asegura que sus decisiones reflejen la voluntad de Dios en lugar de simplemente ajustarse a la opinión popular.

6. Comunicación más profunda

El compromiso presenta la oportunidad única de dominar el arte de la comunicación. El verdadero éxito en cualquier matrimonio a menudo se basa en la eficacia con la que las parejas aprenden a escuchar, expresarse honestamente y resolver los desacuerdos con gracia.

Santiago 1:19 nos anima a, "Por esto, mis amados hermanos, todo hombre sea pronto para oír, tardo para hablar, tardo para airarse."

Desarrollar una comunicación profunda y honesta durante esta temporada fortalece tu relación actual y sienta las bases de cómo resolverás conflictos futuros. La forma en que hablas ahora es un predictor de cómo continuarás interactuando a lo largo de la vida. Aprovecha este tiempo para perfeccionar tus habilidades de comunicación, asegurándote de que tanto el amor como el respeto estén en el centro de cada conversación.

Un Amor que Vale la Pena Esperar: Felices para Siempre

7. Construcción de la visión

El compromiso es mucho más que planificar una boda o establecer un plano de asientos: se trata de cultivar una visión de pacto compartida para su futuro. Háganse preguntas críticas como:

- ¿Cómo será nuestra vida de oración?
- ¿Cómo serviremos juntos a Dios?
- ¿Qué tipo de vivienda queremos construir?

Habacuc 2:2 instruye, "Y Jehová me respondió, y dijo: Escribe la visión, y declárala en tablas, para que corra el que leyere en ella."

Al participar en la construcción de una visión con propósito, alinean sus corazones y metas con el plan eterno de Dios. Este ejercicio profundiza su vínculo espiritual, asegurando que todos los aspectos de su futuro, desde las rutinas diarias hasta las decisiones importantes de la vida, estén impregnados de un sentido de misión divina y compromiso mutuo.

La temporada de compromiso es un viaje multifacético caracterizado por altibajos y desafíos emocionales, batallas espirituales, el invaluable proceso de asesoramiento prematrimonial, la necesidad continua de revisar los límites, navegar por las presiones externas, profundizar la comunicación y construir una base visionaria. Cada una de estas áreas, cuando se aborda con oración, consejos sabios y un corazón fijo en las Escrituras, crea un marco

Un Amor que Vale la Pena Esperar: Felices para Siempre

sólido para un matrimonio que verdaderamente honra a Dios. Acepta estos principios como peldaños hacia una relación que no solo prospera en el presente, sino que también está anclada en verdades eternas.

Que esta guía completa sirva como un recordatorio y una hoja de ruta, empoderándote para navegar tu compromiso con sabiduría, unidad y una confianza inquebrantable en el plan perfecto de Dios.

¿Sabías que...?

Un estudio de *Psychology Today* encontró que las parejas que tuvieron claras discusiones espirituales, financieras y de planificación familiar durante el compromiso reportaron una mayor satisfacción a largo plazo, incluso cinco años después de matrimonio.

Aquellos que ignoraron las conversaciones difíciles informaron un arrepentimiento significativamente **mayor**, especialmente en áreas como el sexo, el dinero y los conflictos entre suegros.

Oración para el compromiso

Señor, ahora que hemos dicho sí, enséñanos cómo prepararnos *para el voto*. Protege nuestros corazones de las distracciones. Purifica nuestros deseos. Afinar nuestra visión. Conviértenos en una pareja lista para el convenio,

Un Amor que Vale la Pena Esperar: Felices para Siempre

no solo para el altar, sino para la misión que tenemos por delante. Amén.

Preguntas de reflexión

1. ¿Me estoy preparando para el *matrimonio* , o solo para la *boda*?

2. ¿Cuáles son las áreas espirituales y emocionales en las que todavía necesito crecer?

3. ¿Estamos evitando cualquier conversación importante por miedo?

4. ¿Cómo podemos hacer que el compromiso sea una temporada de adoración, no solo de trabajo?

 ESCRIBE EN TU DIARIO

Escríbele una carta a tu prometido(a) expresando lo que esperas que este compromiso construya entre ustedes. Comparte tu oración por el tipo de amor, gracia y fuerza que deseas llevar a tu matrimonio.

Un Amor que Vale la Pena Esperar: Felices para Siempre

Capítulo 14 El matrimonio en misión: ¿Qué sucede cuando dos se convierten en uno en Cristo?

"y los dos serán una sola carne; así que no son ya más dos, sino uno."– Marcos 10:8

No solo amor, sino un legado

El matrimonio no se trata solo de felicidad. Se trata de **impacto**. Se trata de lo que dos personas, rendidas a Cristo, pueden hacer **juntas** por el Reino.

Cuando Dios une dos vidas, nunca es solo para el romance, es para la **misión**. Un matrimonio piadoso no es un plan de jubilación, es una estación de **batalla**. Un lugar donde el amor sana, el discipulado fluye, los niños son moldeados y la luz brilla en la oscuridad.

El matrimonio es una decisión trascendental que impactará no solo el curso de tu vida en esta tierra, sino también tu preparación para la eternidad. Su influencia abarca tanto lo material como lo espiritual, moldeando tus valores, tus prioridades y tu carácter. Por lo tanto, elegir sabiamente a la persona con quien compartirás este compromiso es esencial, ya que juntos enfrentarán los desafíos y alegrías de la vida mientras se preparan para el reino venidero.

Un Amor que Vale la Pena Esperar: Felices para Siempre

Profundizando, esta reflexión destaca que el matrimonio no es solo una unión emocional o legal, sino una alianza espiritual diseñada por Dios con un propósito mayor. Es en esta relación que las virtudes como el amor, la paciencia, la entrega y el sacrificio son perfeccionadas. Además, esta conexión no solo afecta tu felicidad y desarrollo personal, sino que también influye en tu capacidad para servir y reflejar el carácter de Cristo. Cuando se elige el matrimonio con oración, principios sólidos y visión espiritual, este puede ser una experiencia transformadora que glorifica a Dios en cada etapa de la vida.

Un matrimonio en misión no solo sobrevive, sino que sacude a las naciones, bendice generaciones y multiplica la influencia del cielo en la tierra.

Historia: Cuando Dos se convirtieron en un ministerio

Samuel y Tania se casaron después de servir juntos en el ministerio juvenil. Desde el primer día, se comprometieron a orar todas las mañanas, a organizar un estudio bíblico semanal y a preguntar siempre: *"¿Qué podemos hacer juntos por el Señor?"*

En diez años, han ayudado a plantar dos iglesias, han sido mentores de docenas de parejas y han criado a tres hijos que saben que su hogar es un lugar de fe y amor.

Un Amor que Vale la Pena Esperar: Felices para Siempre

¿Su secreto?

"No solo nos amamos", dijo Tania, "amamos a Dios *más juntos* de lo que nunca lo hicimos separados".

5 verdades sobre los matrimonios del Reino

Según Bible.com, el matrimonio del Reino se define como una unión de pacto en la que un hombre y una mujer se comprometen a funcionar bajo la autoridad de Dios, con el objetivo de reflejar la imagen de Dios y expandir Su reino en la Tierra. No se trata solo de la felicidad personal, sino de promover el propósito de Dios en sus vidas y matrimonio.

Cuando un matrimonio refleja el designio eterno de Dios, se convierte en un poderoso testimonio para el mundo: una parábola viviente del amor de Cristo por Su Iglesia, de la autoridad espiritual en la unidad, del amor del pacto que habla vida, de la vida familiar como discipulado en acción y de un matrimonio en constante crecimiento. Que estas verdades te inspiren a abrazar un matrimonio que glorifique a Dios en todos los aspectos.

1. El matrimonio es un reflejo de Cristo y de la Iglesia

En un matrimonio del reino, la unión refleja la relación divina entre Cristo y Su Iglesia. Como dice Efesios 5:25:

"Maridos, amad a vuestras mujeres, así como Cristo amó a la iglesia y se entregó a sí mismo por ella".

Un Amor que Vale la Pena Esperar: Felices para Siempre

En este patrón sagrado:

- El esposo lidera con humildad y amor sacrificial, haciéndose eco del altruismo de Cristo.

- La esposa honra a su esposo con gracia y fuerza, reflejando la respetuosa sumisión y adoración de la Iglesia.

- Juntos, ambos miembros de la pareja perdonan, sirven y soportan: con cada acto, su matrimonio proclama Su mensaje sin pronunciar una palabra.

Imagínese a una pareja cuyas acciones cotidianas, ya sea una palabra de aliento o un acto de servicio, dicen mucho sin pretensiones. Su vida en común se convierte en un sermón viviente, donde la tierna preocupación en los tiempos de dificultad y el sacrificio mutuo en la vida diaria apuntan inequívocamente al amor redentor de Cristo.

Un verdadero hogar, según Elena G. de White, es aquel donde cada miembro refleja el carácter de Cristo en su vida diaria, dejando que Su amor y gracia moldeen cada relación. Este ambiente transforma la convivencia en una fuente constante de luz espiritual y testimonio, no solo para los que habitan en ese hogar, sino también para quienes lo rodean.

Profundizando, esta idea subraya que un hogar centrado en Cristo es más que un espacio físico; es un lugar de crecimiento espiritual, restauración y propósito. La impresión del carácter de Cristo en cada miembro requiere

Un Amor que Vale la Pena Esperar: Felices para Siempre

la práctica diaria de virtudes como la paciencia, la humildad, el perdón y el servicio mutuo. Así, el hogar no solo se convierte en un refugio, sino en un faro que ilumina a otros con el mensaje de esperanza, unidad y comunión divina. Este modelo puede inspirar a las familias a vivir intencionalmente, reflejando el amor de Dios en todos los aspectos de su vida

2. El matrimonio piadoso multiplica la autoridad espiritual

Cuando dos creyentes se unen bajo la guía de Dios, su fe combinada produce una autoridad espiritual que magnifica el poder de sus oraciones. Mateo 18:19 promete: "Otra vez os digo, que si dos de vosotros se pusieren de acuerdo en la tierra acerca de cualquiera cosa que pidieren, les será hecho por mi Padre que está en los cielos."

En la práctica, el esposo y la esposa que oran juntos crean un ambiente donde la fe se fortalece y los milagros se ponen en marcha. Cuando surgen desafíos, o cuando el peso del mundo parece pesado, se unen en oración, siendo testigos del poder transformador de la Palabra de Dios en acción. Sus peticiones conjuntas se convierten en un testimonio de unidad espiritual y en una fuerza poderosa contra las adversidades de la vida. Esta unidad bendice su hogar e impacta a su comunidad, demostrando que el poder combinado de dos creyentes puede mover montañas.

Un Amor que Vale la Pena Esperar: Felices para Siempre

3. El amor del pacto predica a un mundo quebrantado

Un matrimonio del reino es más que un asunto privado, es un testimonio abierto. Cuando una pareja se perdona rutinariamente, se elige el uno al otro cada día y prioriza a Cristo por encima de todo, cada gesto se convierte en un anuncio del Evangelio. Juan 13:35 declara, "En esto conocerán todos que sois mis discípulos, si tuviereis amor los unos con los otros."

Considere el impacto de una pareja que, incluso en medio de las pruebas, demuestra una compasión y misericordia inquebrantables. Su disponibilidad para extender la gracia en los momentos difíciles y comprometerse de nuevo los unos con los otros cada día sirven como un ejemplo luminoso del amor incondicional de Dios. Al poner su pacto por encima de los intereses personales, irradian esperanza y confianza en Cristo, un poderoso mensaje a un mundo que necesita desesperadamente la luz del Evangelio.

4. Criar una familia se convierte en discipulado en acción

Los hijos en el matrimonio de un reino no son una mera pausa en el ministerio; Son una extensión activa de la misma. La exhortación de Deuteronomio 6:6-7 recuerda a los padres que deben enseñar diligentemente a sus hijos, "Y estas palabras que yo te mando hoy, estarán sobre tu corazón; y las repetirás a tus hijos, y hablarás de ellas

Un Amor que Vale la Pena Esperar: Felices para Siempre

estando en tu casa, y andando por el camino, y al acostarte, y cuando te levantes."

En un hogar donde los valores bíblicos son vividos con autenticidad y constancia, cada momento cotidiano se transforma en una experiencia sagrada. La mesa del comedor se convierte en un altar donde las conversaciones alimentan tanto el cuerpo como el espíritu. Las oraciones nocturnas no son meros rituales, sino diálogos íntimos con Dios que fortalecen el vínculo familiar y la fe colectiva. Incluso los relatos antes de dormir se transforman en lecciones vivas de discipulado, sembrando principios eternos en las mentes y corazones de los más pequeños.

Este tipo de hogar no es simplemente un refugio físico, sino una representación viva de la primera iglesia. Es un terreno fértil donde la semilla del amor y la sabiduría de Dios encuentra un espacio para germinar y dar fruto en las próximas generaciones. Cuando los padres modelan intencionalmente una vida de oración ferviente, servicio desinteresado y una fe que no se tambalea frente a las pruebas, crean un legado espiritual profundo. Los hijos, al observar estas actitudes y acciones, asimilan los mandamientos de Dios de manera natural, como parte integral de su crecimiento físico y emocional.

Tal como afirmó Elena G. de White, la familia es efectivamente "la primera aula del cielo". Es en este ambiente de gracia y enseñanza diaria donde los valores del Reino de Dios echan raíces profundas, dando lugar a vidas que reflejan Su carácter. Este hogar no solo prepara a las almas para los desafíos del mundo, sino que también inspira a cada miembro a ser un reflejo de la luz divina en sus comunidades. Cuando las familias encarnan este modelo, el hogar se transforma en una fuente de esperanza, unidad y testimonio poderoso que trasciende generaciones.

5. Un matrimonio en misión está en constante crecimiento

Un matrimonio del reino no es un destino estático, sino un viaje continúo marcado por un crecimiento y transformación continuos.

Proverbios 4:18 observa sabiamente, "Mas la senda de los justos es como la luz de la aurora, que va en aumento hasta que el día es perfecto."

En un matrimonio de este tipo, ambos miembros de la pareja aprenden a:

- Comunícate con honor, asegurándote de que cada conversación refleje respeto y verdad.

- Perdona rápidamente, dejando ir los agravios antes de que se enconen.

- Sirvan con gozo, encontrando deleite en cada oportunidad de honrar a Dios y a los demás.

Un Amor que Vale la Pena Esperar: Felices para Siempre

- Escuchen a Dios juntos, escuchando atentamente Su guía mientras navegan por las complejidades de la vida.

- Digan "sí" a las asignaciones, incluso cuando sean inconvenientes, como parte de su misión mutua de servir.

Este proceso dinámico de crecimiento y renovación significa que un matrimonio del reino evoluciona continuamente, volviéndose más brillante, más profundo y más sintonizado con el llamado de Dios. Incluso en la imperfección, el camino de buscar a Dios juntos refina su carácter y magnifica su testimonio.

La verdad de un matrimonio del reino se despliega en cada faceta de la unión. Es un reflejo del amor de Cristo, un multiplicador de autoridad espiritual, una proclamación pública del Evangelio, un discipulado activo en la vida familiar y un camino de crecimiento constante. Cuando una pareja abraza estas verdades, su matrimonio se convierte no solo en una fuente de gozo personal, sino también en un ministerio vivo que señala a otros el poder transformador del amor de Dios.

Que estas reflexiones te animen a construir y nutrir un matrimonio que esté auténticamente orientado hacia el Reino, una unión que refleje firmemente el corazón de Cristo y se convierta en un testimonio radiante de Su amor en un mundo quebrantado.

Un Amor que Vale la Pena Esperar: Felices para Siempre

¿Sabías que...?

Según el *Grupo Barna*, las parejas que oran juntas con regularidad tienen **un 92 % más de probabilidades** de permanecer casadas a largo plazo y están **significativamente más involucradas en la iglesia y el trabajo misionero.**

Una vida espiritual compartida no solo es agradable, sino que es **esencial** para la fortaleza matrimonial y la fecundidad eterna.

Oración por un matrimonio en misión

Señor, que nuestro amor sea más que emocional, que sea eterno. Usar nuestro matrimonio como un recipiente de esperanza, sanación y testimonio. Enséñanos a servirnos los unos a los otros, y a servirte juntos. Que nuestro pacto te glorifique en público y en privado. Que nuestros hijos se levanten y nos llamen bienaventurados. Que nuestro hogar sea el puesto de avanzada del cielo. Amén.

Un Amor que Vale la Pena Esperar: Felices para Siempre

Preguntas de reflexión

1. ¿Cuál es la misión de nuestro matrimonio, más allá de amarnos el uno al otro?

2. ¿Cómo podemos reflejar mejor a Cristo en la forma en que hablamos, perdonamos y servimos?

3. ¿Estamos orando juntos constantemente e invitando a Dios a tomar nuestras decisiones?

4. ¿Cómo impactará nuestro hogar a los demás por la eternidad?

✎ ESCRIBE EN TU DIARIO

Escribe una "Declaración de Misión del Matrimonio". ¿Por qué quieres que se conozca tu matrimonio? ¿Cómo quieren servir a los demás juntos? ¿Qué legado está construyendo para sus futuros hijos y su comunidad?

Un Amor que Vale la Pena Esperar: Felices para Siempre

Un Amor que Vale la Pena Esperar: Felices para Siempre

Capítulo 15 El primer año: Cómo construir sin romperse

"Con sabiduría se edificará la casa, y con prudencia se afirmará." – Proverbios 24:3

Después de los votos, comienza la verdadera vida

El vestido está guardado. La luna de miel se desvanece en la memoria. Se abren los regalos. Y ahora... Son solo ustedes dos.

Lo que nadie te dice es que el primer año de matrimonio es hermoso y brutalmente honesto.

Comienzas a ver a **la persona real**, no solo a la versión de citas. Las viejas rutinas se unen a las nuevas expectativas. Dos voluntades, dos historias, dos personalidades deben aprender a bailar, sin pisarse mutuamente.

El primer año no define todo el matrimonio. Pero sienta las bases. **Un comienzo agrietado se puede reparar, pero uno fuerte bendice durante décadas.**

La verdadera transformación en una relación comienza cuando los corazones y las vidas se entrelazan en propósito y amor mutuo. Es en esa conexión profunda donde se prepara el terreno para un cambio significativo, no solo en la relación misma, sino en el carácter de quienes la integran. Este tiempo de unión y compromiso es, de

Un Amor que Vale la Pena Esperar: Felices para Siempre

hecho, una temporada de aprendizaje y formación, una especie de "campo de entrenamiento" donde se cultivan las virtudes necesarias para un crecimiento duradero.

Profundizando, este concepto subraya que cada etapa en una relación, especialmente en el matrimonio, es una oportunidad para crecer en paciencia, empatía, sacrificio y fe. No es un estado de perfección alcanzado de inmediato, sino un proceso en el que ambos individuos se forjan a través de los desafíos y las alegrías compartidas. La unión de corazones y vidas no es simplemente emocional; es espiritual y práctica, arraigada en la intención de reflejar el amor de Dios.

Tal como un escultor trabaja con cuidado en una obra, este período de entrenamiento es una preparación divina. Cada lección aprendida en la humildad, el perdón y la colaboración sirve para fortalecer el vínculo y para crear una relación que honra a Dios. Este llamado no es solo a la transformación individual, sino a ser un testimonio vivo de lo que ocurre cuando los corazones están sincronizados con los principios del cielo. Este mensaje puede inspirar a las parejas y familias a abordar cada día con la intención de crecer y construir algo que trascienda lo terrenal.

Historia: Cuando lo perfecto se encontró con la presión

Daniel y Rebeca habían sido mejores amigos antes de casarse. Todos pensaban que eran perfectos. Pero seis

Un Amor que Vale la Pena Esperar: Felices para Siempre

meses después, Daniel se cerró emocionalmente y Rebeca se sintió rechazada.

No estaban luchando, pero tampoco estaban prosperando.

En lugar de ocultar las grietas, humildemente pidieron ayuda. A través de la tutoría pastoral, la oración semanal juntos y mucho perdón, poco a poco reconstruyeron no solo la pasión, sino la **asociación**.

¿Su testimonio hoy? "Pensábamos que éramos fuertes. Pero el primer año nos hizo buscar al Señor como nunca antes, y eso es lo que nos hizo inquebrantables".

Qué esperar en el primer año (y cómo construir correctamente)

Estas percepciones ofrecen una mirada realista a la etapa de transición del matrimonio precoz, donde surgen las diferencias, se refina la comunicación, se realinean las expectativas, se remodelan los viejos hábitos y se aprende a diario el perdón. Basadas en las Escrituras, estas verdades te invitan a construir un matrimonio que sea a la vez resistente y cristo céntrico.

1. Descubrirás diferencias que antes no veías

En el desarrollo tranquilo de la vida matrimonial, notarán nuevas facetas el uno del otro: cómo su pareja organiza su

Un Amor que Vale la Pena Esperar: Felices para Siempre

espacio, limpia, administra las finanzas y procesa las emociones. Estas diferencias, que antes pasaban desapercibidas, ahora juegan un papel importante en su vida diaria.

Como nos recuerda Filipenses 2:3, "Nada hagáis por contienda o por vanagloria; antes bien con humildad, estimando cada uno a los demás como superiores a él mismo."

En lugar de permitir que estas diferencias se conviertan en campos de batalla para el conflicto, celébralas. Reconoce que cada rasgo único contribuye a la riqueza de tu vida compartida. Crea sistemas que honren tanto tus fortalezas como tus peculiaridades en lugar de participar en luchas de poder. Por ejemplo, si uno de ustedes es meticuloso con el orden mientras que el otro es más relajado, traten de acordar roles y rutinas en el hogar que respeten las preferencias de ambos. Esta mentalidad, arraigada en la humildad y el respeto mutuo, sienta las bases para una unidad duradera.

2. Tu estilo de comunicación será puesto aprueba

La comunicación es el alma de cualquier relación, y en el primer año, pueden surgir varios estilos, ya sea silencio, sarcasmo, evasivas o incluso comentarios agresivos. Para construir correctamente, cualquier hábito negativo debe ser desaprendido conscientemente.

Un Amor que Vale la Pena Esperar: Felices para Siempre

Proverbios 15:1 nos enseña, "La blanda respuesta quita la ira; Mas la palabra áspera hace subir el furor."

La solución es desarrollar el arte de la escucha activa y no defensiva y decir la verdad con gracia. Practique el uso de frases como "siento" para compartir sus pensamientos internos sin echar culpas, por ejemplo, "Me siento herido cuando..." en lugar de "Tú siempre..." Este enfoque no solo calma la tensión, sino que también aporta claridad y calidez a sus conversaciones, allanando el camino para una conexión profunda y significativa.

3. Las expectativas sexuales pueden no coincidir con la realidad

En nuestra cultura impulsada por los medios de comunicación, la sexualidad a menudo se presenta como impecable y espontánea. Sin embargo, la realidad implica curvas de aprendizaje, matices emocionales y el desarrollo de una verdadera intimidad con el tiempo.

Como dice 1 Corintios 7:3, "El marido cumpla con la mujer el deber conyugal, y asimismo la mujer con el marido."

Su primer año juntos es un período de descubrimiento, donde las expectativas sexuales deben discutirse abiertamente en lugar de asumirse. Acércate a estas diferencias con paciencia, transparencia y la voluntad de buscar la guía piadosa si es necesario. Recuerda que la intimidad sexual no es una actuación que se perfeccione de la noche a la mañana, es una expresión sagrada del pacto que se profundiza a medida que la conexión emocional y la confianza se construyen gradualmente.

4. Los viejos hábitos pueden chocar con el nuevo pacto

Antes del matrimonio, cada uno desarrolló hábitos personales en áreas como la administración del dinero, la programación, las prácticas devocionales y la respuesta al estrés. Después de unirse en un nuevo pacto, estos hábitos pueden chocar a medida que comienzas a vivir "como uno". Como 2 Corintios 5:17 declara, "De modo que si alguno está en Cristo, nueva criatura es; las cosas viejas pasaron; he aquí todas son hechas nuevas."

Esta es una invitación para que ambos creen ritmos compartidos que honren su nueva identidad juntos. Considere establecer rutinas conjuntas para hacer un presupuesto, la oración diaria o semanal, planificar para el futuro e incluso apartar tiempo de reposo intencional para descansar y renovarse. Al construir un "nuevo nosotros", afirmas que tu matrimonio es una asociación dinámica donde los viejos patrones se reforman para reflejar la gracia y la unidad que se encuentran en Cristo.

5. Tendrás que volver a aprender a perdonar a diario

En la vida cotidiana y cercana, es inevitable que ocurran momentos de dolor o frustración. Dos personas imperfectas a veces se fallan la una a la otra.

Un Amor que Vale la Pena Esperar: Felices para Siempre

Colosenses 3:13 nos recuerda, "Soportándoos unos a otros, y perdonándoos unos a otros si alguno tuviere queja contra otro. De la manera que Cristo os perdonó, así también hacedlo vosotros."

La clave es evitar que se acumulen pequeñas ofensas. Adopta un estilo de vida de disculpas rápidas y perdón libre e incondicional. Lleva un recuento breve y haz del perdón una práctica diaria, un hábito que despeja tu corazón de la amargura y reconstruye la confianza continuamente. Al hacerlo, creas un vínculo resistente que refleja la gracia y el poder restaurador del Evangelio.

El primer año de matrimonio es un período de profundo crecimiento y ajuste, un tiempo en el que las diferencias se convierten en oportunidades para una comprensión más profunda y la comunicación se convierte en una herramienta para la unidad. A medida que navegas por las realidades sexuales, reconfiguras los viejos hábitos y vuelves a aprender el perdón a diario, estás invitado a construir tu matrimonio sobre el fundamento inquebrantable de la Palabra de Dios. Al celebrar las diferencias y superar los desafíos con gracia, preparas el escenario para un viaje de toda la vida marcado por el amor, la humildad y la transformación mutua.

Que esta guía completa te inspire a medida que construyes bien en tu primer año de matrimonio, confiando en que cada paso, cada desafío y cada victoria, es parte del diseño divino de Dios para una unión amorosa y transformadora.

Un Amor que Vale la Pena Esperar: Felices para Siempre

¿Sabías que...?

La investigación del Instituto Gottman muestra que el primer año de matrimonio es crítico para el **establecimiento de hábitos**. Las parejas que desarrollan **controles regulares, oración compartida** y **sintonía emocional** en sus primeros 12 meses tienen **muchas más probabilidades** de permanecer juntas a largo plazo y reportar una mayor satisfacción.

Los hábitos que construyas ahora bendecirán o serán una carga en las décadas venideras.

5 cimientos de primer año para construir juntos

El primer año de matrimonio es un período crítico durante el cual se establecen hábitos fundamentales, se crean valores compartidos y se construye una base inquebrantable que refleja tanto el compromiso mutuo como el de Dios. Basar cada aspecto de tu relación en prácticas intencionales no solo te ayuda a superar los desafíos iniciales, sino que también prepara el escenario para una vida de crecimiento mutuo, apoyo y profundidad espiritual.

Como proclama Eclesiastés 4:9-10, "Mejores son dos que uno; porque tienen mejor paga de su trabajo. Porque si cayeren, el uno levantará a su compañero; pero ¡ay del solo! que cuando cayere, no habrá segundo que lo levante."

Un Amor que Vale la Pena Esperar: Felices para Siempre

Adopte estas cinco áreas fundamentales para construir su primer año, y su futuro, sobre principios sólidos del reino.

1. Un día de reposo semanal para tu relación

Reserva una noche regular cada semana, como un día de reposo dedicado, un tiempo libre de las distracciones de los teléfonos, el trabajo y las preocupaciones mundanas. Esta pausa intencional está diseñada para que solo ustedes dos se concentren el uno en el otro y se conecten con Dios. Ya sea una cena a la luz de las velas, un paseo tranquilo bajo las estrellas o simplemente desconectarse y compartir sus corazones con una comida casera, este día semanal se convierte en un ritual sagrado. A medida que te comprometas con esta práctica, notarás que el tiempo de inactividad intencional profundiza tu intimidad e invita a la presencia de Dios a renovar tu energía y perspectiva semana tras semana. El tiempo constante y sin distracciones juntos cultiva un vínculo resistente y allana el camino para el crecimiento espiritual en su unión.

2. Un plan de resolución de conflictos

Los desacuerdos son una parte natural de cualquier relación íntima. En su primer año juntos, es vital crear un plan claro de resolución de conflictos que describa cómo hablarán, escucharán y reducirán los desacuerdos cuando surjan.

Un Amor que Vale la Pena Esperar: Felices para Siempre

Recuerde la sabiduría de Proverbios 15:1, "La blanda respuesta quita la ira; Mas la palabra áspera hace subir el furor."

Acuerden de antemano usar un lenguaje amable y honesto y evitar tácticas como el silencio, el sarcasmo o los ataques personales. Desarrolle estrategias como tomarse un breve tiempo fuera si las emociones están a flor de piel, usar frases de "Siento" para expresar su perspectiva o incluso programar reuniones periódicas para discutir cualquier problema subyacente antes de que se convierta en conflictos más grandes. Este enfoque proactivo no solo minimiza los sentimientos heridos, sino que también fortalece la base de confianza y respeto que es esencial para un matrimonio próspero.

3. Una visión financiera

Los asuntos de dinero se encuentran entre las consideraciones prácticas más importantes en el matrimonio precoz. Establecer una visión financiera compartida, con presupuestos acordados, planes de ahorro y metas para dar, crea un camino unificado hacia delante. Trabajen juntos para trazar sus prioridades financieras: analicen cómo manejan el dinero, establezcan objetivos claros y planifiquen cómo celebrar tanto las pequeñas victorias como los grandes hitos. Un plan financiero transparente no se trata solo de equilibrar una chequera; se trata de construir una vida en la que ambos socios estén en la misma página con respecto a la mayordomía de los recursos de Dios. Cuando alineas tus prácticas financieras, fomentas una atmósfera de confianza y cooperación que impregna todos los aspectos de tu asociación.

4. Un altar espiritual

Designe un tiempo regular como el altar espiritual de su pareja, un espacio dedicado a la oración, el estudio de la Biblia y los sueños compartidos. Puede ser un tiempo fijo cada mañana o una sesión nocturna semanal en la que ambos se reúnan para profundizar en las Escrituras, orar por su futuro y establecer metas espirituales. Establecer este ritual proporciona un recordatorio constante de que su matrimonio no se trata solo de complementarse el uno al otro, sino también de crecer juntos en piedad. Esta práctica nutre tu corazón, alinea tu voluntad individual con el propósito de Dios e invita a la guía divina a tomar decisiones. A medida que reflexionas sobre Su Palabra uno al lado del otro, forjas una conexión espiritual que sostendrá tu matrimonio a través de cada etapa de la vida.

5. Un círculo de apoyo

Ningún matrimonio es una isla. Construir una red de apoyo es crucial para su salud continua como pareja. Cultiva un círculo de apoyo de mentores de confianza, parejas casadas experimentadas y amigos cercanos cuya sabiduría y perspectivas puedan guiarte a través de los

Un Amor que Vale la Pena Esperar: Felices para Siempre

desafíos y celebrar tus éxitos. Este sistema de apoyo proporciona responsabilidad y sirve como un recurso para el aliento y la oración durante los tiempos difíciles. Como nos recuerda Eclesiastés 4:9-10, la fuerza de dos, e incluso más, es muy superior a enfrentar el viaje solo. Apóyese en estas voces piadosas para obtener nuevas perspectivas, recibir comentarios constructivos y recordar que su sindicato es parte de un plan más amplio centrado en la comunidad.

El primer año de matrimonio es un tiempo para descubrir, adaptarse y construir sobre los sueños compartidos. Establecer un día de reposo semanal dedicado a su relación, formular un plan de resolución de conflictos, crear una visión financiera unificada, dedicar tiempo a su altar espiritual y rodearse de un círculo de apoyo son pasos fundamentales para garantizar que su unión sea resistente y refleje el amor de Dios. Al adoptar estas prácticas, estableces las bases para un matrimonio que no solo es fuerte en el presente, sino que también está construido para perdurar todas las estaciones de la vida.

Que estos cinco pasos fundamentales te empoderen para construir un primer año, y toda una vida, de amor mutuo, crecimiento y asociación centrada en Cristo, asegurando que tu matrimonio los fortalezca y los eleve a ambos en todos los sentidos.

Un Amor que Vale la Pena Esperar: Felices para Siempre

Oración para el primer año

Señor, gracias por el don del pacto. Enséñanos a caminar despacio, a amar profundamente y a construir sabiamente. Que este primer año sea nuestro jardín de confianza, donde crezcan las raíces, caigan los muros y reine Tu Espíritu. Haznos fuertes en nuestra debilidad. Unidos en nuestra diferencia. Y alegre en el camino. Amén.

Preguntas de reflexión

1. ¿Qué viejos hábitos estoy trayendo al matrimonio que necesito abandonar?

2. ¿Cómo tiendo a reaccionar cuando surge un conflicto y cómo puedo crecer?

3. ¿Qué tipo de cultura quiero en mi casa (tono, ritmos, lenguaje)?

4. ¿Quiénes son los mentores a los que podemos recurrir cuando llegan las tormentas?

 ESCRIBE EN TU DIARIO

Escribe una "oración para la visión del primer año". Describa la atmósfera emocional, espiritual y relacional que esperan crear juntos. ¿Cuáles serán sus elementos no negociables? ¿Qué legado comienza ahora?

Un Amor que Vale la Pena Esperar: Felices para Siempre

Capítulo 16 Protegiendo su pacto a prueba de crisis: Cómo resistir cuando llega la tormenta

"Descendió lluvia, y vinieron ríos, y soplaron vientos, y golpearon contra aquella casa; y no cayó, porque estaba fundada sobre la roca." – Mateo 7:25

Las tormentas no son opcionales, el colapso sí lo es

Todo matrimonio se enfrentará a una crisis.

Puede llegar como un golpe financiero, un aborto espontáneo, una desconexión emocional, la muerte de un ser querido, la pérdida del trabajo, la infertilidad, la infidelidad o la depresión.

Las tormentas ponen a prueba tus **cimientos**, no tus canciones de amor.

Pero cuando tu matrimonio está anclado en Cristo, cada tormenta se convierte en una oportunidad:

- Luchar *juntos*, no *unos contra* otros
- Profundizar en lugar de separarse
- Para emerger más fuertes, más sabios y más unidos

Un Amor que Vale la Pena Esperar: Felices para Siempre

Dios utiliza los desafíos y las pruebas como herramientas para fortalecer la fe y la perseverancia en aquellos a quienes Él llama y bendice. Estos momentos difíciles no son un castigo, sino una oportunidad para que Su carácter divino se refleje en nuestra humanidad frágil. En la aparente debilidad, cuando las fuerzas humanas parecen insuficientes, Su poder y gracia se manifiestan con mayor claridad, mostrando que la verdadera fortaleza proviene de Él.

Profundizando, este concepto nos invita a ver las dificultades como un proceso de refinamiento, un taller espiritual donde nuestras vidas son moldeadas para reflejar la imagen de Cristo. Dios, como el alfarero experto, no nos abandona en medio de nuestras pruebas; más bien, utiliza estas situaciones para desarrollar nuestra confianza en Su fidelidad y para preparar nuestro carácter para mayores propósitos. Cuando enfrentamos nuestras limitaciones, aprendemos a depender completamente de Su poder, y es en ese acto de rendición donde encontramos crecimiento y transformación.

Además, las pruebas fortalecen nuestra perseverancia y nos enseñan a caminar con fe, incluso cuando las circunstancias parecen oscuras. Este proceso revela que el propósito de Dios siempre trasciende el sufrimiento momentáneo, guiándonos hacia una vida llena de Su poder y promesas.

Un Amor que Vale la Pena Esperar: Felices para Siempre

Su matrimonio estuvo a punto de hundirse, hasta que Dios lo reconstruyó

Carlos y Julia llevaban siete años casados cuando Julia encontró mensajes de otra mujer en su teléfono. El dolor era insoportable. La confianza se hizo añicos.

Carlos lloró de arrepentimiento. Julia pensó en irse. Pero a través de la consejería, el ayuno y mucha tutoría pastoral, poco a poco reconstruyeron la confianza.

"Fue la temporada más oscura de mi vida", dijo Julia. "Pero también el más sagrado. Porque conocí a Jesús en las ruinas de mi matrimonio, y Él lo resucitó de entre los muertos".

7 crisis que pueden sacudir un matrimonio

Estos desafíos no son meras hipótesis, son tormentas reales que pueden poner a prueba la fuerza y la resistencia de una relación matrimonial. Sin embargo, con preparación, confianza en la gracia de Dios y el compromiso de caminar juntos a través de cada prueba, pueden enfrentar estas crisis de frente y emerger más fuertes como pareja.

1. Infidelidad (emocional o física)

La infidelidad golpea el corazón mismo de la confianza y la intimidad. Ya sea que se manifieste emocional o físicamente, la traición puede destrozar los cimientos de

Un Amor que Vale la Pena Esperar: Felices para Siempre

un matrimonio, dejando heridas profundas y dudas persistentes. En momentos de tanto dolor, acuda a la promesa sanadora de Dios. El Salmo 51:10 súplica, "Crea en mí, oh Dios, un corazón limpio, y renueva un espíritu recto dentro de mí."

El camino hacia la restauración requiere un arrepentimiento sincero, una comunicación transparente y, a menudo, la orientación de mentores de confianza o asesoramiento profesional. Si bien las cicatrices pueden permanecer, la gracia de Dios puede fomentar el perdón y, si ambos miembros de la pareja están dispuestos, un camino para reconstruir la confianza.

2. Dificultades financieras o pérdida de empleo

El estrés financiero, ya sea por dificultades o por la pérdida inesperada del trabajo, puede convertirse rápidamente en una carga significativa para un matrimonio. La presión de los recursos disminuidos, las facturas crecientes y las incertidumbres sobre el futuro pueden provocar frustración y conflicto. Sin embargo, las Escrituras ofrecen consuelo y seguridad. Filipenses 4:19 declara, "Mi Dios, pues, suplirá todo lo que os falta conforme a sus riquezas en gloria en Cristo Jesús."

En esas temporadas, las parejas pueden unirse para crear un plan financiero realista. Las discusiones abiertas sobre el presupuesto, los sacrificios y las metas a largo plazo pueden transformar la crisis financiera en una oportunidad para el crecimiento unificado y la confianza en la provisión de Dios.

3. Muerte de un hijo o familiar cercano

La pérdida de un hijo o de un familiar querido es una de las experiencias más insoportables que cualquier pareja puede soportar. Este dolor puede crear un vacío profundo y puede llevar a una distancia emocional si no se navega con cuidado. Sin embargo, Dios está cerca de los quebrantados de corazón. El Salmo 34:18 nos consuela con la promesa, "Cercano está Jehová a los quebrantados de corazón; y salva a los contritos de espíritu."

En este profundo dolor, volverse los unos a los otros, buscar consuelo en la oración y relacionarse con una comunidad de apoyo puede ayudar a reparar los corazones rotos. Si bien es posible que el dolor nunca desaparezca por completo, la fe compartida y el apoyo mutuo allanan el camino para una curación gradual.

4. Problemas de salud mental (ansiedad, depresión)

Los problemas de salud mental, como la ansiedad y la depresión, pueden proyectar largas sombras sobre un matrimonio. Cuando uno o ambos miembros de la pareja luchan con batallas internas, pueden surgir sentimientos de aislamiento y malentendidos. Las Escrituras nos animan a apoyarnos en Dios en tiempos de confusión.

Un Amor que Vale la Pena Esperar: Felices para Siempre

Filipenses 4:6-7 aconseja, "Por nada estéis afanosos, sino sean conocidas vuestras peticiones delante de Dios en toda oración y ruego, con acción de gracias. Y la paz de Dios, que sobrepasa todo entendimiento, guardará vuestros corazones y vuestros pensamientos en Cristo Jesús."

Buscar ayuda profesional, practicar la empatía y mantener una comunicación abierta puede ayudar a cerrar la brecha. Al recurrir a la oración y el uno al otro, las parejas pueden encontrar un sentido renovado de esperanza y bienestar mental.

5. Adicción o abuso de sustancias

La adicción, ya sea a sustancias, comportamientos u otras formas de dependencia, representa una seria amenaza para la santidad del matrimonio. Rompe la confianza y, a menudo, entra en ciclos de comportamiento destructivo. Sin embargo, el poder transformador de Cristo ofrece una salida. En 1 Corintios 10:13 asegura, "No os ha sobrevenido ninguna tentación que no sea humana; pero fiel es Dios, que no os dejará ser tentados más de lo que podéis resistir, sino que dará también juntamente con la tentación la salida, para que podáis soportar."

Enfrentar la adicción a menudo requiere intervención profesional, arrepentimiento genuino y un compromiso firme con la recuperación de ambos socios. Con el apoyo de una comunidad amorosa y la confianza en la fuerza de Dios, la sanación y la restauración son posibles.

Un Amor que Vale la Pena Esperar: Felices para Siempre

6. Frialdad espiritual o retroceso

Un matrimonio marcado por el declive espiritual, donde la oración, la adoración y el estímulo mutuo disminuyen, puede hacer que los cónyuges se sientan emocionalmente a la deriva. La frialdad espiritual puede invitar a sentimientos de aislamiento y desilusión. Apocalipsis 2:4 advierte gentilmente: "Sin embargo, tengo algo contra ti, porque has dejado tu primer amor".

Reavivar la intimidad espiritual es vital. Vuelva a comprometerse con tiempos regulares de adoración compartida, estudio de la Biblia y oración. Este enfoque renovado en la presencia de Dios puede refrescar sus corazones y reavivar la pasión que los unió por primera vez.

7. Desconexión emocional prolongada o apatía

Con el tiempo, las rutinas diarias y los desafíos de la vida matrimonial pueden llevar a una desconexión emocional prolongada o apatía. La chispa inicial puede parecer desvanecerse a medida que ambos miembros de la pareja se ven consumidos por las presiones de la vida.

En Colosenses 3:13 anima, "soportándoos unos a otros, y perdonándoos unos a otros si alguno tuviere queja contra otro. De la manera que Cristo os perdonó, así también hacedlo vosotros."

Un Amor que Vale la Pena Esperar: Felices para Siempre

Abordar la desconexión emocional requiere esfuerzos intencionales: conversaciones regulares y sinceras, actividades compartidas, asesoramiento y un compromiso renovado con los demás. Superar la apatía es un proceso continuo de escuchar, comprender y buscar constantemente profundizar tu conexión.

Estas siete crisis (infidelidad, dificultades financieras, pérdidas, problemas de salud mental, adicción, frialdad espiritual y desconexión emocional) son tormentas formidables que pueden sacudir un matrimonio hasta la médula. Sin embargo, no tienes por qué quedarte paralizado por el miedo. Con preparación, fe inquebrantable, comunicación en oración y confianza en las promesas de Dios, usted y su cónyuge pueden superar estos desafíos juntos. Recuerden que cada desafío presenta una oportunidad para apoyarse más plenamente en Dios y en los demás, convirtiendo las pruebas en testimonios de Su gracia y de la fuerza de su unidad.

Que esta reflexión te empodere para prepararte para las tormentas de la vida con sabiduría, valentía y la presencia permanente de Dios, confiando en que cada prueba que enfrentes juntos puede, en última instancia, acercarlos más a Él y a los demás.

Un Amor que Vale la Pena Esperar: Felices para Siempre

Cómo hacer que tu pacto sea a prueba de crisis

1. Construye tu matrimonio sobre la roca (no sobre los sentimientos)

"Si Jehová no edificare la casa, en vano trabajan los que la edifican; si Jehová no guardare la ciudad, en vano vela la guardia." – Salmo 127:1

El amor debe ser más profundo que el romance. Debe estar enraizada en *el pacto de Cristo*, no en los sentimientos de la cultura.

La crisis expondrá tus cimientos. Construya sabiamente ahora.

2. Establezca una vida de oración antes de que lleguen los problemas

Cuando las olas golpeen, no aprenderás a nadar, te aferrarás a lo que ya conoces.

"Clama a mí, y yo te responderé, y te enseñaré cosas grandes y ocultas que tú no conoces." – Jeremías 33:3

Este versículo nos invita a acercarnos a Dios con confianza y a buscar Su guía en oración. Es un recordatorio de que Él está dispuesto a revelarnos verdades profundas y a

Un Amor que Vale la Pena Esperar: Felices para Siempre

responder nuestras inquietudes cuando lo buscamos sinceramente.

Haz de la oración un reflejo, no un último recurso.

3. Invierta en una comunidad segura y solidaria

Ninguna pareja debería capear una crisis sola. Necesita personas que:

- Ora sin juzgar
- Habla de la vida
- Ofrecer consejos sabios
- Párate en la brecha cuando se te acaben las fuerzas

"Sobrellevad los unos las cargas de los otros, y cumplid así la ley de Cristo." – Gálatas 6:2, RV

4. Practica la honestidad emocional, no la represión

El dolor reprimido se convierte en amargura. El dolor tácito se convierte en desconexión.

Aprende a decir:

- —Tengo miedo.
- "Me siento solo".
- "No sé qué hacer, vamos a rezar".

Un Amor que Vale la Pena Esperar: Felices para Siempre

La vulnerabilidad es el puente hacia la restauración.

5. Aprendan a luchar *los* unos por los otros, no *los unos con* los otros

"Airaos, pero no pequéis; no se ponga el sol sobre vuestro enojo." – Efesios 4:26

En cada tormenta, tienes una opción:

- Luchar contra el viento, o entre nosotros
- Enfócate en la falta o únete en la fe
- Maldice la oscuridad o busca la Luz

¿Sabías que...?

Según un estudio longitudinal realizado por el National Marriage Project, las parejas que participaron activamente en **prácticas basadas en la fe** (como la oración compartida y el apoyo comunitario) tenían **más de un 50% más de probabilidades de recuperarse de la crisis** que aquellas que intentaron resolver los problemas solos.

La fe no es solo consuelo, es una *armadura de crisis*.

Un Amor que Vale la Pena Esperar: Felices para Siempre

3 Promesas del Pacto para la Tormenta

1. "No huiré, me quedaré y lucharé contigo".
2. "Buscaré la solución de Dios, no mi consuelo".
3. "Creeré que nuestra historia no ha terminado, porque Dios todavía está escribiendo".

Oración para la tormenta

Señor, los vientos se están levantando. Pero también lo es nuestra fe. No nos rendiremos. No permitiremos que el enemigo se lleve lo que Tú has unido. Enséñanos a abrazarnos más fuerte cuando el mundo tiemble. Sé el centro de nuestro pacto. Restaura lo que está roto y fortalécenos, Jesús. Amén.

Preguntas de reflexión

1. ¿Qué crisis personales o compartidas han sacudido nuestra fe mutua?
2. ¿Tenemos un plan para mantenernos conectados emocional y espiritualmente en medio de las dificultades?
3. ¿Quién es nuestro sistema de apoyo espiritual cuando nos sentimos débiles?
4. ¿Sobre qué base estamos construyendo realmente?

Un Amor que Vale la Pena Esperar: Felices para Siempre

 ESCRIBE EN TU DIARIO

Describe una tormenta por la que hayas caminado, en pareja o solo. ¿Qué reveló acerca de tu carácter, tu fe y tus patrones emocionales? ¿Qué harías diferente hoy con Cristo en el centro?

Un Amor que Vale la Pena Esperar: Felices para Siempre

Un Amor que Vale la Pena Esperar: Felices para Siempre

Capítulo 17 Cuando el amor es difícil: Gracia para los matrimonios en modo de supervivencia

"Y me ha dicho: Bástate mi gracia; porque mi poder se perfecciona en la debilidad. Por tanto, de buena gana me gloriaré más bien en mis debilidades, para que repose sobre mí el poder de Cristo." – 2 Corintios 12:9

Este versículo nos recuerda que la gracia de Dios es suficiente en cualquier circunstancia, y que Su poder se manifiesta con mayor claridad en nuestras debilidades. Es una invitación a depender completamente de Él y a encontrar fortaleza en Su presencia.

Cuando el "sí, quiero" se siente como "no puedo"

Algunos días, el amor se siente sin esfuerzo. Otros días, se siente como una zona de guerra. Y a veces, no se siente como nada en absoluto.

Hay momentos en cada matrimonio en los que los **sentimientos se desvanecen**, la chispa se atenúa y te quedas mirando al otro lado de la mesa a alguien que apenas reconoces... o alguien que ya no te ve.

Un Amor que Vale la Pena Esperar: Felices para Siempre

Y en esos momentos, te preguntas:

- ¿Se supone que el amor debe sentirse tan solo?
- ¿Me casé con la persona equivocada?
- ¿Es demasiado tarde para arreglar esto?

Este capítulo no es para la etapa de cuento de hadas, es para la batalla de fe. Y si ahí es donde estás, esto es lo que necesitas saber:

No estás solo. No eres un fracasado. Y tu historia no ha terminado.

El matrimonio, como institución divina, enfrenta constantes ataques por parte de fuerzas que buscan desestabilizarlo y socavar su valor. Satanás, en su estrategia de división y destrucción, trabaja incansablemente para debilitar los lazos sagrados que Dios ha establecido entre los cónyuges. Estos ataques no son simplemente individuales; son una agresión contra una estructura que refleja el amor de Cristo por Su iglesia.

Profundizando en esta idea, el pueblo de Dios está llamado a asumir un papel activo y comprometido en la defensa y fortalecimiento del matrimonio. Este trabajo implica no solo proteger la unión matrimonial de los ataques externos, sino también fomentar un ambiente donde los principios divinos—amor, respeto, sacrificio y unidad—sean vividos y modelados. Elevar el matrimonio

Un Amor que Vale la Pena Esperar: Felices para Siempre

significa restaurarlo a su posición como un testimonio del amor inquebrantable de Dios y una herramienta poderosa para construir hogares centrados en Su voluntad.

Además, esta labor requiere la disposición de los cristianos a educar, inspirar y apoyar a las familias en sus desafíos cotidianos. La defensa del matrimonio no es solo una resistencia a las fuerzas que buscan desprestigiarlo, sino un esfuerzo proactivo por enriquecerlo y convertirlo en una base sólida para la próxima generación. Este trabajo de fortalecimiento es una declaración directa de que el matrimonio es una institución sagrada, digna de ser honrada, protegida y celebrada. ¿Cómo crees que este llamado puede inspirar tu misión de guiar y transformar vidas?

Historia: Lo que casi renuncian

Natalie e Isaac estaban activos en el ministerio. Pero a puerta cerrada, vivieron vidas separadas. Años de falta de comunicación, pequeñas ofensas y una distancia cada vez mayor dejaron su amor seco.

Consideraron la separación. Pero un día, un consejero dijo algo sencillo: *"Antes de que te vayas, dale a Dios espacio para que trabaje"*.

No fue instantáneo. Pero con el tiempo, a través de la honestidad, las conversaciones difíciles, la oración y la terapia, comenzaron a reconstruirse. Ladrillo a ladrillo roto.

Un Amor que Vale la Pena Esperar: Felices para Siempre

Hoy dicen: "No encontramos el camino de regreso el uno al otro, encontramos el camino de regreso a Jesús. Y nos llevó a casa".

Señales de que tu matrimonio puede estar en modo de supervivencia

Estos signos no son simplemente preocupaciones superficiales; Revelan profundos patrones de desconexión y angustia que indican que un matrimonio apenas se mantiene. Reconocer estas señales de advertencia es el primer paso para buscar ayuda, sanación y restauración, recordándote que Dios está cerca incluso en medio de las pruebas.

1. Evitar una conversación significativa

Cuando las parejas se mantienen alejadas de un diálogo profundo y vulnerable, pierden la oportunidad de conectarse, comprender y sanar juntos. Esta evitación puede dejar problemas no resueltos en el fondo, erosionando lentamente la intimidad emocional. Sin una conversación honesta, los posibles malentendidos crecen y se convierten en barreras entre ustedes. La verdadera conexión requiere corazones y mentes abiertos, donde ambos miembros de la pareja se sientan seguros para compartir sus esperanzas, miedos y decepciones. Como en toda relación sana, la comunicación intencional es el pegamento que une los corazones, incluso cuando la vida se complica.

Un Amor que Vale la Pena Esperar: Felices para Siempre

2. Intimidad física ausente o forzada

La intimidad física es una expresión natural de amor y cercanía. Cuando se ausenta o, por el contrario, se siente coaccionado y mecánico, indica que el ritmo natural del afecto se ha interrumpido. Un matrimonio construido únicamente sobre la rutina o la obligación en lugar del deseo mutuo puede conducir a sentimientos de rechazo y soledad. En una relación próspera, la cercanía física debe reflejar el vínculo emocional y espiritual que comparten dos personas. Sin esto, el aspecto físico de su relación puede perder su poder vivificante y convertirse en otra área de discordia.

3. Sentirse más compañeros de cuarto que socios

Cuando las interacciones diarias se sienten como simplemente compartir un espacio en lugar de construir una vida juntos, es una clara señal de que falta algo vital. En lugar de experimentar la calidez de un equipo amoroso, te encuentras coexistiendo en vidas paralelas con poca conexión genuina. Esta sensación de desapego convierte su matrimonio en una serie de tareas funcionales en lugar de un viaje compartido de crecimiento, alegría y apoyo. Sin un esfuerzo intencional para celebrarse mutuamente y nutrir su asociación, es muy fácil caer en un estado de mera convivencia.

Un Amor que Vale la Pena Esperar: Felices para Siempre

4. Pequeñas discusiones escaladas o no resueltas

En un matrimonio sano, los desacuerdos son oportunidades para aprender y crecer. Sin embargo, cuando los conflictos menores se convierten en disputas importantes o, lo que es igualmente perjudicial, no se abordan, se crea un ciclo de tensión y amargura. Las discusiones repetidas y no resueltas pueden socavar el respeto y la confianza, convirtiendo cada interacción en un campo de batalla potencial. El patrón destructivo aquí no tiene que ver con el conflicto en sí, sino con la falta de habilidades saludables de resolución de conflictos, que dejan heridas que nunca sanan por completo.

5. Resentimiento tácito y tristeza silenciosa

Cuando la frustración, el dolor o la decepción nunca se expresan, tienden a convertirse en un resentimiento tácito. Con el tiempo, estos silencios pueden crear una atmósfera pesada de tristeza y aislamiento. En lugar de sentirte comprendido y amado, puedes comenzar a cuestionar si a tu pareja realmente le importa. Las expectativas tácitas y las necesidades insatisfechas eventualmente se transforman en una tristeza silenciosa que ensombrece tu vida diaria, disminuyendo la alegría que tu unión estaba destinada a traer.

Un Amor que Vale la Pena Esperar: Felices para Siempre

6. Consideraciones Secretas del Divorcio

Quizás la señal más alarmante es cuando el divorcio, incluso si solo se contempla en privado, entra en sus pensamientos. Cuando te encuentras sopesando la separación como una opción, es un claro indicador de que el matrimonio está en modo de supervivencia. La idea misma del divorcio, aunque compleja y a menudo dolorosa, refleja un anhelo profundamente arraigado de escapar de la angustia continua. Es una señal de que los cimientos de la relación se han visto comprometidos hasta tal punto que el dolor puede parecer insoportable.

Un llamado a aguantar

Si estas señales resuenan, anímate. Dios no solo está presente en los matrimonios prósperos, sino que está especialmente cerca de aquellos que se sienten aplastados y apenas se aferran.

La Escritura nos consuela en el Salmo 34:18: "Cercano está Jehová a los quebrantados de corazón; y salva a los contritos de espíritu."

Este versículo nos ofrece un mensaje de consuelo y esperanza, recordándonos que Dios está especialmente cerca de aquellos que atraviesan momentos de dolor y quebranto. Su presencia es un refugio para los corazones heridos y una fuente de salvación para los espíritus abatidos.

Un Amor que Vale la Pena Esperar: Felices para Siempre

Sus luchas actuales no son el capítulo final. Con una reflexión honesta, una comunicación en oración y, a menudo, orientación o asesoramiento profesional, hay esperanza. El amor de Dios es transformador, incluso en los momentos más oscuros, y Él te invita con anhelo a la restauración, la renovación y una intimidad más profunda.

Un matrimonio en modo de supervivencia se caracteriza por la evitación de conversaciones significativas, la pérdida o distorsión de la intimidad física, un cambio hacia el espacio compartido como compañeros de cuarto, conflictos recurrentes no resueltos, resentimiento subyacente no expresado e incluso pensamientos de divorcio. Estas señales de advertencia, aunque dolorosas de reconocer, también requieren una intervención urgente y compasiva. Ya sea a través de la consejería, la oración renovada o la reconstrucción de los canales de comunicación, recuerde que no está solo. La gracia de Dios es abundante para cada relación herida, y Su presencia es especialmente real para aquellos que están sufriendo.

Que esta reflexión te empodere para reconocer las señales y buscar la ayuda necesaria para pasar de la mera supervivencia a un matrimonio próspero y restaurado, sabiendo que Dios está cerca, listo para traer sanación a cada corazón roto.

Un Amor que Vale la Pena Esperar: Felices para Siempre

¿Qué hacer cuando el amor se siente difícil?

Cuando el pozo del amor parece secarse o cuando la distancia emocional ensombrece su relación, estos cinco pasos pueden ayudar a restaurar la conexión. Arraigadas en las verdades de las Escrituras, te invitan a apoyarte no en tu esfuerzo, sino en la intervención divina, en el diálogo abierto y honesto, en el consejo de confianza, en el perdón persistente y en la intercesión en oración.

1. Regreso a la Fuente del Amor — Jesús

Cuando el amor se siente difícil, no es porque necesites un esfuerzo humano adicional, es que necesitas la intervención divina. En los momentos en que tus sentimientos se agoten o cuando la chispa parezca haberse apagado, vuelve a Jesús, la fuente inagotable de amor. Como nos recuerda bellamente 1 Juan 4:10, "En esto consiste el amor: no en que nosotros hayamos amado a Dios, sino en que él nos amó a nosotros, y envió a su Hijo en propiciación por nuestros pecados."

Este versículo nos revela la esencia del amor divino: no es algo que iniciamos nosotros, sino un acto de gracia y sacrificio de parte de Dios. Es un recordatorio de que Su amor es incondicional y transformador, manifestado en el sacrificio de Cristo por nuestra redención.

Este versículo nos dice que el amor que transforma vidas fluye de la iniciativa de Dios. Cuando sientas que tu amor se tambalea o se debilita, tómate el tiempo para orar, estudiar Su Palabra y dejar que el Espíritu Santo refresque tu corazón. Su amor es constante, y cuando permites que te llene de nuevo, obtienes la fuerza para amar a tu cónyuge aún más profundamente.

2. Decir la verdad, con humildad

La honestidad y la vulnerabilidad son claves para reabrir los canales de conexión. En lugar de enmascarar tu dolor o esconderte detrás de una fachada, comparte tus luchas con humildad, no para echarle la culpa, sino para que tu pareja la conozca de verdad. Como exhorta Efesios 4:15: "Hablad la verdad en amor..."

Elige un momento tranquilo en el que ambos puedan interactuar sin distracciones. Use frases de "yo siento" para expresar sus emociones de manera reflexiva y evitar acusaciones. Aprender a decir tu verdad con gracia crea un espacio seguro donde la sanación y la comprensión genuinas pueden florecer. Este proceso despeja las pretensiones e invita a un renovado sentido de intimidad basado en el respeto mutuo y la honestidad.

3. Traiga ayuda segura

La curación no debe hacerse de forma aislada. Cuando el amor se siente duro, a veces las cargas son demasiado pesadas para soportarlas solo. Pastores de confianza, consejeros cristianos, mentores o amigos sabios pueden ser parte del equipo de rescate de Dios en su matrimonio.

Un Amor que Vale la Pena Esperar: Felices para Siempre

En Proverbios 11:14 enseña, "Donde no hay dirección sabia, caerá el pueblo; Mas en la multitud de consejeros hay seguridad."

Este versículo destaca la importancia de la sabiduría colectiva y el valor de buscar consejo en la toma de decisiones. Nos recuerda que la orientación sabia no solo fortalece a los individuos, sino también a las comunidades.

Cuando el silencio ha permitido que el dolor y los malentendidos echen raíces firmes, invita a la ayuda segura. Buscar consejo no es un signo de debilidad, sino de sabiduría: abre la puerta a nuevas perspectivas, sanación y apoyo constante. Recuerda, al compartir tus luchas con los demás, desmantelas las fortalezas que vienen con el aislamiento.

4. Perdona, una y otra vez

La amargura es un veneno lento que puede distorsionar cada experiencia en tu vida si no se aborda. Aferrarse al pasado duele y crea una lente a través de la cual cada acción se ve con sospecha o dolor. Efesios 4:32 nos anima: "Antes sed benignos unos con otros, misericordiosos, perdonándoos unos a otros, como Dios también os perdonó a vosotros en Cristo."

Este versículo nos llama a practicar la bondad, la misericordia y el perdón, siguiendo el ejemplo de Dios en

Un Amor que Vale la Pena Esperar: Felices para Siempre

Cristo. Es una invitación a construir relaciones basadas en la gracia y el amor.

El perdón no se trata de excusar la ofensa, se trata de liberar su poder sobre ti. Es un acto diario e intencional de dejar ir. Cuando practicas el perdón, limpias los residuos de la amargura, allanando el camino para una verdadera sanación y un amor más profundo y resistente. Abraza el perdón como un acto repetido y liberador que transforma continuamente tu corazón y tu matrimonio.

5. Ayunar e interceder

Algunas batallas en el amor tienen raíces profundas y espirituales que requieren algo más que el esfuerzo humano. El ayuno y la oración son disciplinas poderosas que invitan a la intervención divina en las luchas emocionales. En Mateo 17:21 se nos recuerda que, "Pero este género no sale sino con oración y ayuno."

Este versículo subraya la importancia de la oración y el ayuno como herramientas espirituales poderosas para enfrentar desafíos que requieren una fe profunda y una conexión más cercana con Dios.

Cuando te enfrentes a una sequía espiritual o emocional, comprométete a una temporada de ayuno e intercesión, tanto individual como colectivamente. Cuando tu cónyuge no pueda orar o esté emocionalmente cerrado, párate en la brecha por él. Pídele a Dios que te dé grandes

Un Amor que Vale la Pena Esperar: Felices para Siempre

logros, que ablande los corazones endurecidos y que te haga milagros que solo Él puede proveer. Esta confianza disciplinada en Él cambia el poder de la batalla de tu propia fuerza finita al poder infinito del Creador.

Cuando el amor se sienta duro, no te resignes a la inevitable desconexión. En cambio, regresa a la Fuente del Amor, Jesús, quien nunca se seca. Di la verdad con humildad para reabrir la puerta a la intimidad, trae ayuda segura para reforzar tus esfuerzos, practica continuamente el perdón para romper las cadenas de la amargura y recurre al ayuno y la oración para combatir las raíces espirituales más profundas de la lucha emocional. Al abrazar estos pasos, invitas al poder transformador de Dios a tu relación, guiándote hacia la sanación y el amor renovado.

Que estas reflexiones te empoderen para reavivar el amor incluso cuando se siente difícil, confiando en que el poder divino de Dios siempre está listo para restaurar y renovar los lazos de tu matrimonio.

¿Sabías que...?

Las parejas en crisis que se comprometen a al menos 12 semanas de terapia, junto con el crecimiento espiritual individual, tienen **una tasa de éxito de hasta el 70%** en la reconstrucción de la confianza y la reconexión emocional, incluso después de una infidelidad o una desconexión a largo plazo. Fuente: Asociación Americana de Consejeros Cristianos (2022)

Cómo se ve la gracia en el matrimonio

Esta reflexión ilustra que la gracia no es simplemente un conjunto de acciones, sino una postura del corazón, un flujo continuo de amor divino que transforma la forma en que nos relacionamos unos con otros. Cuando la gracia llena nuestro matrimonio, trasciende nuestras tendencias naturales, permitiéndonos actuar de maneras que reflejan el tipo de amor descrito en las Escrituras.

1. Grace escucha cuando prefieres alejarte

La gracia es evidente cuando, en momentos de tensión o dolor, eliges hacer una pausa y escuchar en lugar de huir de la conversación. Es esa elección deliberada de darle a tu cónyuge el beneficio de toda tu atención, incluso cuando la frustración te tienta a alejarte. Al hacerlo, abres la puerta para la comprensión y la curación. En lugar de dejar que el silencio se convierta en una barrera, la gracia te permite escuchar no solo las palabras que se dicen, sino también el dolor, las esperanzas y los deseos subyacentes. Este acto de escucha crea un espacio para la reconciliación y fomenta un entorno seguro en el que la vulnerabilidad se convierte en una fortaleza.

Un Amor que Vale la Pena Esperar: Felices para Siempre

2. Grace dice "Lo siento" incluso cuando te sientes justificado

De vez en cuando, nuestro orgullo y sentido de justicia pueden hacer que sea difícil disculparnos. Sin embargo, la gracia nos da el poder de humillarnos y ofrecer un sincero "lo siento". Cuando eliges el perdón en lugar de la autojustificación, eliminas los obstáculos que bloquean la verdadera intimidad. Decir "lo siento" no es una admisión de debilidad, sino un acto de valentía; señala que tu compromiso con el amor trasciende la necesidad de tener razón. Es un recordatorio de que en el matrimonio, la sanación tiene prioridad sobre ganar una discusión. Esta disposición a humillarse refleja el corazón de la gracia de Dios, una gracia que cubre cada defecto y restaura los lazos rotos.

3. La gracia busca comprender antes de exigir ser comprendida

La verdadera gracia nos mueve a hacer una pausa y buscar la comprensión, en lugar de exigir inmediatamente que se reconozca nuestra perspectiva. Antes de insistir en ser escuchado, pídele a tu cónyuge que comparta sus sentimientos y pensamientos por completo. Este enfoque desactiva el conflicto y cultiva una conexión más profunda basada en el respeto mutuo. Al elegir entender primero, demuestras que la relación, y la persona que amas, son más importantes que demostrar un punto. En esa postura de escucha, reflejas el corazón compasivo de Cristo y creas una base en la que ambos miembros de la pareja se sienten seguros para expresarse.

4. La gracia da tiempo, espacio y oración, pero no se rinde

El matrimonio es un camino que a veces exige paciencia más allá de nuestra capacidad inmediata. La gracia es evidente cuando le das a tu pareja el tiempo y el espacio que necesita para procesar las emociones, todo mientras mantienes un compromiso firme con la relación. Ofrecer tiempo y espacio no se trata de retirarse; Más bien, se trata de permitir que la curación ocurra naturalmente sin presión. En esos momentos de reflexión y oración silenciosas, invitan al poder transformador de Dios a obrar en sus corazones, recordándoles que la lucha no es permanente y que hay esperanza para una intimidad renovada. La gracia persevera, permanece presente incluso cuando las circunstancias parecen sombrías, subrayando la verdad de que el amor perdura.

5. La gracia recuerda: Esto es un pacto, no un contrato

Una de las expresiones más profundas de la gracia en el matrimonio es la comprensión de que tu unión es un pacto, una promesa sagrada que va mucho más allá de un mero acuerdo legal o un arreglo temporal. Un pacto está marcado por el compromiso incondicional y la gracia para toda la vida. No depende de un rendimiento impecable,

Un Amor que Vale la Pena Esperar: Felices para Siempre

sino de la promesa duradera de amarse, honrarse y apoyarse mutuamente en cada temporada. Recordarte a ti mismo que el matrimonio es un pacto ayuda a cambiar el enfoque de los intercambios transaccionales a un vínculo eterno. Te permite ver cada desafío no como un incumplimiento de contrato, sino como una oportunidad para crecer juntos en la fe y el amor. Esta perspectiva te empodera para extender la bondad y la paciencia, incluso cuando el camino es difícil.

Un fundamento en el amor divino

El pasaje bíblico de 1 Corintios 13:4-7 resume cómo es la gracia en el matrimonio: "El amor sufre, y es benigno; el amor no tiene envidia; el amor no se jacta, no se envanece, no se comporta indecorosamente, no busca lo suyo, no se irrita fácilmente, no piensa en el mal; No se regocija en la iniquidad, sino que se regocija en la verdad; todo lo sufre, todo lo cree, todo lo espera, todo lo soporta".

Cada línea de este pasaje ofrece un modelo para la gracia, enfatizando que el amor verdadero soporta dificultades, celebra la verdad y, en última instancia, echa fuera el miedo. En su matrimonio, encarnar estas cualidades es un testimonio no solo el uno para el otro, sino también para la Palabra viva de Dios.

Cómo se ve la gracia en el matrimonio es a la vez simple y profunda: es escuchar cuando tienes ganas de alejarte, disculparte cuando el orgullo dice lo contrario, buscar

Un Amor que Vale la Pena Esperar: Felices para Siempre

comprender en lugar de ser entendido instantáneamente, dar tiempo y espacio mientras persistes en el amor, y recordar siempre que tu unión es un pacto sagrado en lugar de un contrato casual. Cuando eliges vivir estos principios, invitas al poder transformador del amor de Dios a tu matrimonio, convirtiendo incluso los momentos ordinarios de la vida en expresiones extraordinarias de la gracia divina.

Que esta reflexión te inspire a abrazar y ejemplificar la gracia dentro de tu matrimonio, fomentando un ambiente donde el amor, la comprensión, la paciencia y el compromiso divino transformen cada interacción en un reflejo del diseño perfecto de Dios.

Oración por los matrimonios en modo de supervivencia

Jesús, estamos cansados. Estamos sufriendo. Hemos olvidado cómo ser suaves, cómo sentirnos cerca. Pero no queremos rendirnos. Entra en nuestro pacto. Dale vida a lo que parece muerto. Danos la fuerza para quedarnos, para perdonar, para tener esperanza y para luchar. Volvemos a poner este matrimonio en Tus manos. Amén.

Un Amor que Vale la Pena Esperar: Felices para Siempre

Preguntas de reflexión

1. ¿Qué partes de mi matrimonio se han adormecido y por qué?

2. ¿Estoy orando por mi cónyuge más de lo que lo estoy criticando?

3. ¿Hemos invitado a alguien seguro a nuestro proceso de curación?

4. ¿Creo que Dios todavía puede redimir y restaurar este pacto?

 ESCRIBE EN TU DIARIO

Escribe una carta cruda y honesta a Dios sobre tu estado actual de matrimonio (o tus temores al respecto). No censures tu dolor. Luego escribe Su respuesta a ti: palabras de esperanza, verdad y un futuro en el que quieras volver a creer.

Un Amor que Vale la Pena Esperar: Felices para Siempre

Un Amor que Vale la Pena Esperar: Felices para Siempre

Capítulo 18 Cuando estás casado con alguien que no comparte tu fe

"Porque ¿qué sabes tú, oh mujer, si quizá harás salvo a tu marido? ¿O qué sabes tú, oh marido, si quizá harás salva a tu mujer?" – 1 Corintios 7:16

Amar con Luz Desigual

Te levantas temprano para orar. Vas a la iglesia solo. Lees las Escrituras, con lágrimas en los ojos, preguntándote si tu cónyuge alguna vez conocerá a El Salvador que cambió tu vida.

Te encantan. Pero te duele. Hablas de esperanza. Responden con silencio. Creces más profundamente en Cristo... y se sienten más lejos de ellos.

Esto es lo que significa vivir en un **matrimonio en yugo desigual**.

Tal vez te casaste antes de conocer a Cristo. Tal vez se alejaron. Tal vez desobedeciste a Dios y elegiste una relación que Él nunca bendijo.

Dondequiera que estés ahora, Dios ve tu dolor y no se ha dado por vencido con tu hogar.

"He aquí, tenemos por bienaventurados a los que sufren. Habéis oído de la paciencia de Job, y habéis visto el fin del

Un Amor que Vale la Pena Esperar: Felices para Siempre

Señor, que el Señor es muy misericordioso y compasivo."
– Santiago 5:11.

Historia: Ella oró durante 25 años

Beatriz se casó con Luis cuando ambos eran seglares. Conoció a Jesús en una conferencia de mujeres y se bautizó poco después.

Luis lo llamó una "fase". Pero no fue así. Era su nueva identidad. Ella servía, daba y adoraba, y él se quedaba en casa.

Desde hace 25 años.

Pero una noche, roto por la vida y suavizado por el tiempo, Luis preguntó: "¿Podemos rezar?"

Se bautizó seis meses después. Hoy en día, imparten clases bautismales juntos.

Beatriz dice: "Dios no solo salvó a Luis. Él salvó mi corazón de la desesperación".

Lo que significa estar en yugo desigual

Esta meditación profundiza en las realidades espirituales y prácticas de formar asociaciones íntimas, con un enfoque en las relaciones matrimoniales, cuando las creencias y valores fundamentales difieren. Te invita a considerar no

Un Amor que Vale la Pena Esperar: Felices para Siempre

solo los desafíos, sino también el extraordinario nivel de gracia, paciencia y amor sobrenatural que se requiere para mantener unida tal unión.

Entendiendo el yugo

En términos bíblicos, se usaba un yugo para atar a dos bueyes juntos para que pudieran arar un campo al unísono. El mandamiento en 2 Corintios 6:14 advierte: **"No os unáis en yugo desigual con los incrédulos..."**

Este pasaje de las Escrituras advierte que cuando dos están unidos, pero no comparten la misma herencia espiritual, el arado, símbolo de la misión y dirección de la vida compartidas, corre el riesgo de desviarse de su curso. Cuando uno de los miembros de la pareja es más fuerte, más débil o simplemente tiene un conjunto diferente de valores, el peso de las creencias contradictorias puede alejar a la pareja de un propósito unificado.

La realidad espiritual de los matrimonios en yugo desigual

Cuando se aplica al matrimonio, estar en yugo desigual a menudo significa que, mientras los corazones permanecen unidos, tiran en diferentes direcciones. Las parejas pueden experimentar un tira y afloja persistente sobre las prioridades, con uno de los miembros de la pareja enfocado en construir una relación basada en valores similares a los de Cristo y el otro, tal vez priorizando las actividades mundanas. La disparidad puede surgir en las decisiones sobre las finanzas, la crianza de los hijos o el crecimiento espiritual, y con el tiempo, estas diferencias pueden provocar tensión, falta de comunicación e incluso división.

Aunque la directiva bíblica se enfoca en compartir el mismo fundamento espiritual, no implica que Dios sea incapaz de trabajar en una unión donde existen disparidades. Sin embargo, tales relaciones exigen el doble de gracia, el doble de paciencia y un tipo de amor sobrenatural que solo proviene de una profunda confianza en el Espíritu Santo. En estas uniones, cada decisión, cada momento de conflicto y cada acto de amor pueden convertirse en un escenario para demostrar el poder transformador de la gracia de Dios.

El llamado a la gracia extraordinaria

Los desafíos inherentes a un matrimonio en yugo desigual exigen medidas extraordinarias. No basta con que cada miembro de la pareja confíe únicamente en su fuerza de voluntad personal; Es necesaria una intervención divina continua. Esto significa participar profundamente en la oración, buscar asesoramiento espiritual y cultivar el compromiso de crecer juntos a pesar de las diferencias. Al pedirle al Señor que guíe sus pasos, invitan a Su poder unificador para reparar las debilidades y alinear sus corazones.

Un Amor que Vale la Pena Esperar: Felices para Siempre

Es precisamente en estas dinámicas difíciles donde puede resplandecer la belleza de la gracia. Cuando las diferencias parecen insuperables, la pareja debe apoyarse en la oración y el compromiso mutuo, esforzándose por animarse mutuamente, incluso cuando la atracción natural parece exponer las brechas. Este tipo de amor no espera la perfección; obra activamente a través de las imperfecciones, confiando en la promesa de que en Él todas las cosas son posibles.

Vivir con el yugo: un acto de equilibrio

Imagínese dos bueyes al comienzo de una temporada de arado. Cuando ambos se unen por igual, se mueven armoniosamente hacia su meta. Sin embargo, si uno está menos dispuesto o viene de un ritmo muy diferente, el arado puede tomar repentinamente un giro inesperado. En el contexto del matrimonio, si la fe o los valores de uno de los cónyuges difieren significativamente de los del otro, el viaje compartido puede volverse inestable rápidamente. La asociación puede requerir recalibrar las prioridades, invertir más en discusiones espirituales o incluso reservar tiempos regulares para la adoración y la reflexión conjuntas para realinear su dirección.

Desarrollar estrategias para la armonía frente a tal disparidad podría incluir participar en estudios bíblicos juntos, discutir lo que significa, vivir su fe diariamente y comprometerse con metas mutuas que trasciendan las diferencias personales. Cuanto más intencionales sean ambos socios en cultivar una dirección compartida, más probable será que encuentren unidad incluso en medio de diferentes tendencias.

Lo que significa estar en yugo desigual no es solo una advertencia, sino también una invitación. Desafía a las parejas a evaluar si estaban caminando juntos hacia un propósito común centrado en Dios. Si bien un matrimonio en yugo desigual presenta obstáculos significativos, estos obstáculos se pueden superar confiando en el doble de gracia, el doble de paciencia y un tipo de amor sobrenatural. Al dar prioridad a la unidad espiritual y buscar la guía divina, las parejas pueden esforzarse por moverse en armonía, incluso cuando el yugo mismo está desequilibrado.

Que esta reflexión los anime a buscar una relación en la que sus corazones remen en la misma dirección: una unión casada con gracia con la verdad de la palabra de Dios, sostenida por su poder y enriquecida por su amor.

Cómo amar a alguien que no comparte tu fe

Esta reflexión te invita a aceptar el desafío de amar incondicionalmente sin dejar de mantenerte firme en tus propias convicciones espirituales. No se trata de forzar el cambio con palabras o presión; se trata de dejar que tu vida sea un testimonio vivo del amor y la transformación que has recibido de Dios.

Un Amor que Vale la Pena Esperar: Felices para Siempre

1. Vive el Evangelio, no te limites a predicarlo

La verdadera transformación se atestigua en la forma en que vives. Así como 1 Pedro 3:1 instruye a las esposas a estar en sujeción para que, incluso sin palabras, el evangelio pueda ganar corazones, el mismo principio se aplica cuando amas a una pareja que no comparte tu fe.

"Asimismo vosotras, mujeres, estad sujetas a vuestros maridos; para que también los que no creen a la palabra, sean ganados sin palabra por la conducta de sus esposas." – 1 Pedro 3:1

Los regaños, las críticas o la presión abierta no conquistarán a nadie. En cambio, deja que tu paz, alegría, paciencia y pureza brillen en tu vida diaria. Al encarnar los valores del evangelio a través de acciones y carácter, permites que el poder transformador de Jesús hable más fuerte de lo que las palabras podrían hacerlo. Tu vida se convierte en el último testigo, una invitación suave, pero profunda hacia el amor que lo cambia todo.

2. Ore como si su salvación dependiera de ello, porque podría

La oración es una de las formas más efectivas de apoyar espiritualmente a tu cónyuge. Santiago 5:16 nos recuerda que las oraciones fervientes de una persona justa son poderosas, "Confesaos vuestras ofensas unos a otros, y orad unos por otros, para que seáis sanados. La oración eficaz del justo puede mucho.

Un Amor que Vale la Pena Esperar: Felices para Siempre

Comprométete a orar constantemente:

- **Para que su corazón se ablande:** Pídele al Señor que obre suavemente en el corazón de tu cónyuge, abriendo sus ojos a Su amor.

- **Para que Dios traiga a las personas a su vida:** Invite a amigos, mentores o compañeros creyentes que puedan alentarlos en un viaje espiritual.

- **Para momentos de convicción y claridad:** Ore para que las linternas brillen en los rincones ocultos de su alma.

- **Para obtener orientación sobre cuándo hablar y cuándo permanecer en silencio:** Busque el discernimiento del Espíritu Santo; A veces el silencio es el mayor acto de amor, mientras que otros momentos requieren un consejo amable.

Tal oración intercesora no solo apoya a tu cónyuge, incluso si no ves un cambio inmediato, sino que también te fortalece, anclando tu esperanza en el tiempo y la sabiduría de Dios.

3. Mantente espiritualmente anclado

Amar a alguien que comparte una perspectiva de fe diferente puede ser un desafío si permites que tu propia vida espiritual se desvíe.

Un Amor que Vale la Pena Esperar: Felices para Siempre

Como exhorta 1 Corintios 16:13, "Velad, estad firmes en la fe; portaos varonilmente, y esforzaos.

Es vital permanecer firmemente anclado en tus disciplinas espirituales. Ayuna, adora y mantente comprometido en una comunidad de apoyo para que tú, y, por extensión, tu relación, no caiga presa de compromisos. Proteger tu alma al nutrir tu relación con Dios no solo sostendrá tu bienestar personal, sino que también modelará una fe vibrante que algún día podría inspirar a tu pareja a explorar verdades espirituales más profundas.

4. Establece límites llenos de gracia

Amar a alguien que no comparte tus creencias fundamentales requiere tanto respeto por su espacio como el compromiso de proteger tus ritmos espirituales. Romanos 12:18 aconseja, Si es posible, en cuanto dependa de vosotros, estad en paz con todos los hombres."

Los límites son esenciales, no para aislar, sino para garantizar que dentro de su hogar y relación, se honre a Cristo. Estos límites pueden incluir tiempos dedicados a la oración personal, límites claros sobre temas que provocan conflictos, o momentos familiares designados en los que se lleva a cabo la adoración sin restricciones y la discusión de la fe. Al crear un ambiente donde tus convicciones son respetadas y visibles, estableces un hogar pacífico que refleja el carácter de Cristo, dándole a tu pareja un vistazo del poder transformador de una vida vivida para Dios.

Un Amor que Vale la Pena Esperar: Felices para Siempre

5. No pierdas la esperanza, pero deja que Dios establezca la línea de tiempo

Recuerde que la salvación es un proceso, no una transformación instantánea. Gálatas 6:9 anima a la perseverancia, "No nos cansemos, pues, de hacer bien; porque a su tiempo segaremos, si no desmayamos."

Aférrate a la esperanza incluso cuando el progreso parezca lento. Confía en que Dios está más interesado en el alma de tu cónyuge que tú, y que Él sabe cuál es el momento perfecto para que su corazón se ablande. Mientras continúas amando incondicionalmente, deja que Dios establezca la línea de tiempo. Mantente enfocado en ser un testigo fiel y un sistema de apoyo, y recuerda que tu papel es amar y orar mientras Dios obra de maneras que podrían superar tus expectativas.

Amar a alguien que no comparte tu fe es un camino marcado por la gracia, la humildad y el compromiso inquebrantable. Comienza por vivir el Evangelio a través de sus acciones cotidianas en lugar de meramente hablar, avanzando a través de la oración ferviente, permaneciendo anclado en su vida espiritual, creando límites llenos de gracia y, finalmente, aferrándose a la esperanza mientras Dios orquesta Su tiempo divino. A través de estas prácticas, te conviertes en un testimonio viviente del amor de Dios, un faro de esperanza que puede, con el tiempo, iluminar el camino hacia la reconciliación espiritual.

Un Amor que Vale la Pena Esperar: Felices para Siempre

Que esta reflexión te guíe mientras navegas por el complejo viaje de amar a alguien que no comparte tu fe, confiando en que tu dedicación inquebrantable y el poder del amor de Dios pueden obrar milagros incluso en las circunstancias más difíciles.

¿Sabías que...?

Un estudio del Pew Research Center encontró que el **15 % de los matrimonios comienzan en yugo desigual**, pero entre aquellos que permanecen fieles y espiritualmente consistentes, **más del 35 %** de los cónyuges incrédulos finalmente llegan a la fe.

¿El factor número uno? Amor persistente sin presiones.

¿Y los niños?

Esta meditación aborda los desafíos de criar a los hijos en un hogar donde uno de los cónyuges puede no apoyar activamente la formación espiritual, pero te recuerda la autoridad y la responsabilidad que tienes en Cristo para nutrir a tus hijos en Sus caminos.

El Mandato Bíblico para el Entrenamiento Espiritual

El mandamiento de Deuteronomio 6:7 dice: "Y las repetirás a tus hijos, y hablarás de ellas estando en tu casa, y andando por el camino, y al acostarte, y cuando te levantes."

Un Amor que Vale la Pena Esperar: Felices para Siempre

Esto no es simplemente una recomendación, es un mandato divino. A pesar de las diferencias en las perspectivas de los hogares sobre la educación espiritual, Dios le confía Su verdad. Su papel como padre es asegurarse de que sus hijos estén expuestos y se les enseñen los principios fundamentales del amor, la gracia y la verdad. Incluso si su cónyuge no defiende activamente la capacitación espiritual, todavía tiene autoridad y responsabilidad en Cristo para moldear los corazones de sus hijos. La Biblia deja claro que la formación espiritual de un niño comienza en casa, tanto a través de la instrucción como del ejemplo.

Cuando te comprometes con esta tarea, estás construyendo un legado que afectará no solo a tu familia, sino también a las generaciones futuras. La obra que haces para guiar a tus hijos es un reflejo del propio carácter de Dios: persistente, amoroso y lleno de verdad. Recuerde que este llamado es tanto un privilegio como una responsabilidad seria, ya que requiere intencionalidad, perseverancia y confianza continua en la gracia de Dios.

Maneras prácticas de nutrir el crecimiento espiritual

1. Llévalos a la Escuela Sabática. La asistencia regular a la escuela sabática o a los programas educativos cristianos proporciona a sus hijos una comunidad de creyentes y un ambiente consistente para aprender las verdades bíblicas. En este entorno, son testigos de cómo se vive la fe y se exponen a la Palabra de Dios en un ambiente estructurado y enriquecedor. Al integrar la asistencia a la escuela sabática como una parte natural de la rutina de su familia, crea oportunidades para que sus hijos hagan preguntas, crezcan en comprensión y experimenten el amor de una comunidad fiel. Incluso si su cónyuge está menos entusiasmado con estas reuniones, su compromiso de convertirlas en una prioridad puede establecer una base espiritual sólida para sus hijos.

2. Reza con ellos. La oración es el alma de una vida espiritual vibrante. Cuando oras con tus hijos, modelas una relación íntima con Dios y demuestras que la comunicación espiritual no está reservada para momentos de crisis, sino que es una expresión diaria de confianza y amor. Dediquen tiempo en familia a orar juntos. Ya sea que se trate de una simple oración a la hora de acostarse, antes de las comidas o durante momentos tranquilos por la mañana, estas prácticas les recuerdan a sus hijos que nunca están solos. Aprenden que Dios siempre está cerca y que sus vidas están profundamente entrelazadas con Su cuidado, independientemente de las diferentes opiniones en otras áreas del hogar.

3. Enséñales el amor, la gracia y la verdad. Más allá de las actividades estructuradas, los momentos cotidianos presentan oportunidades para impartir los valores del amor, la gracia y la verdad. Demuestre perdón, paciencia y bondad tanto en palabras como en hechos, mostrando a

Un Amor que Vale la Pena Esperar: Felices para Siempre

sus hijos lo que significa extender amor incondicional y vivir de acuerdo con los principios bíblicos.

Involucre a sus hijos en discusiones sobre las Escrituras, comparta historias de la fidelidad de Dios y explique cómo estos principios deben influir en sus decisiones e interacciones. Al reforzar constantemente estos valores, les proporcionas una brújula moral que los guiará a través de las complejidades de la vida, incluso si el clima espiritual en el hogar no es uniformemente favorable.

Incluso en una familia en la que uno de los cónyuges puede no apoyar plenamente la formación espiritual, la autoridad y la responsabilidad en Cristo siguen siendo suyas. "¿Qué hay de los niños?" no se convierte en una excusa para comprometerse en impartir la verdad, sino en un llamado a la acción: liderar con el ejemplo, invertir en prácticas espirituales significativas y persistir en enseñar a sus hijos el amor, la gracia y la verdad de Dios. Recuerde, la transformación del corazón de un niño es un proceso gradual moldeado por una enseñanza constante y diligente. Al cumplir con este llamado con oración, enseñanza intencional y confiando en la fuerza de Dios, preparan a sus hijos para una vida de crecimiento espiritual y un legado de fe.

Ruego que esta reflexión los inspire a ser valientes en sus esfuerzos por nutrir la fe de sus hijos, confiando en que Dios honrará su diligencia al cumplir Su mandato eterno.

Un Amor que Vale la Pena Esperar: Felices para Siempre

Oración por los que están en yugo desigual

Señor, me siento desgarrado. Amo a esta persona, pero me duele que te conozca. Dame paciencia para vivir el Evangelio cuando las palabras no funcionan. Dame fuerza para estar firme en la fe. Ayúdame a no perder la alegría. Te confío su salvación. Abre sus ojos, despierta su corazón y prepara nuestro hogar para la redención. Amén.

Preguntas de reflexión

1. ¿Estoy modelando el amor de Cristo en mi hogar?
2. ¿He entregado a mi cónyuge a Dios o he tratado de controlar su viaje?
3. ¿Cómo puedo mantenerme espiritualmente lleno sin el apoyo de mi pareja?
4. ¿Qué victorias puedo celebrar, por pequeñas que sean?

ESCRIBE EN TU DIARIO

Escríbele una carta a tu cónyuge incrédulo, una que tal vez nunca le des. Derrama tu esperanza, dolor y deseo para que conozcan a Dios. Luego escribe una carta de Dios para ti, llena de Su consuelo, promesa y fortaleza.

Un Amor que Vale la Pena Esperar: Felices para Siempre

Un Amor que Vale la Pena Esperar: Felices para Siempre

Capítulo 19 Dios en lo mundano: Encontrar el cielo en los platos, la ropa sucia y las facturas

"Y todo lo que hagáis, hacedlo de corazón, como para el Señor y no para los hombres." – Colosenses 3:23

Más lavandería que canciones de amor

El matrimonio no se compone de grandes gestos todos los días. Está hecho de listas de compras, aliento matutino, sonrisas cansadas y platos que parecen no terminar nunca.

El romance a menudo se desvanece en la rutina. Pero, ¿qué pasa si la **rutina es donde Dios aparece más**?

¿Qué pasaría si doblar la ropa, pagar las facturas, limpiar el desorden y conducir a las citas pudieran convertirse en actos de **adoración**?

Las acciones pequeñas y constantes que realizamos con fidelidad tienen un impacto mucho mayor en nuestro entorno de lo que podemos imaginar. En el contexto del hogar, no son los gestos grandiosos o los momentos excepcionales los que realmente forman el carácter de Cristo en nuestras vidas y en las de nuestros seres queridos. Más bien, son las pequeñas muestras de amor, paciencia, servicio y sacrificio cotidiano las que reflejan Su ejemplo y Su presencia.

Un Amor que Vale la Pena Esperar: Felices para Siempre

Cristo modeló Su amor en actos aparentemente sencillos: lavar los pies de Sus discípulos, compartir comida con los marginados, y mostrar empatía en los momentos de dolor. De la misma manera, en el hogar, esas tareas diarias — escuchar con atención, ofrecer palabras de ánimo, perdonar rápidamente, y cuidar de los demás con ternura — son los cimientos de una vida que imita a Cristo.

Profundizando aún más, estas acciones pequeñas se convierten en hábitos que moldean no solo el carácter individual, sino también el ambiente espiritual del hogar. Fomentan un entorno donde la gracia, la paz y la alegría de Dios son palpables. En última instancia, vivir el carácter de Cristo a través de estas tareas cotidianas no solo transforma a la familia, sino que también sirve como un testimonio vivo para el mundo exterior.

Lo sagrado no solo vive en el santuario, sino que habita en el fregadero.

Historia: Un amor vivido de manera tranquila

Todos los viernes por la noche, José limpiaba la cocina mientras Ruth encendía velas y preparaba la comida del sábado. Llevaban 42 años casados. No escribía poesía. No era muy buena con las palabras.

Pero cada vez que él le llevaba un vaso limpio sin que se lo pidiera, o doblaba su manta favorita, ella veía amor.

Un Amor que Vale la Pena Esperar: Felices para Siempre

"Hemos tenido años difíciles", dijo Ruth. "Pero nunca dejó de aparecer en las cosas pequeñas. Así es como sé que su amor es real".

Donde el cielo se encuentra con lo cotidiano

Esta reflexión te invita a ver cómo las tareas simples y cotidianas pueden convertirse en actos sagrados de amor y servicio cuando se hacen con un corazón enfocado en Dios. Cada tarea ordinaria es una oportunidad para reflejar el carácter de Cristo y nutrir su matrimonio, transformando la responsabilidad rutinaria en un derramamiento de gracia divina.

1. Platos = Servidumbre

Como Jesús enseñó en Mateo 23:11: "El que es el mayor de vosotros, sea vuestro siervo."

Cuando lavas un plato o lavas los platos, no estás simplemente limpiando un desorden. Estás practicando una forma de servicio, una expresión tangible de humildad y cuidado. En el acto cotidiano de lavar los platos, honras a tu cónyuge demostrando que el amor se vive en los pequeños detalles y que ninguna tarea está por debajo de ti. Se convierte en un acto que dice mucho sobre tu compromiso de servir, incluso cuando nadie te está mirando.

Un Amor que Vale la Pena Esperar: Felices para Siempre

Reflexiona: ¿Cómo puedo servir hoy sin que me lo pidan o me aplaudan? Si lo deseas, pregúntate cómo podrías tomar la iniciativa en el hogar en silencio, demostrando que la verdadera grandeza en el matrimonio se mide por la disposición a servir.

2. Lavar la ropa = Cubrir con gracia

Piense en el ciclo diario de lavar la ropa: lavar, doblar y guardar la ropa. Es una tarea que rara vez recibe elogios, pero encarna la presencia sutil, pero esencial, del amor. Al igual que el amor, que a menudo es invisible, pero se siente profundamente, cuidar la ropa sucia es un acto de gracia que cubre tu hogar con calidez y cuidado.

Reflexione: ¿Cómo puedo satisfacer una necesidad antes de que se convierta en una queja? Al notar pequeñas necesidades no expresadas dentro de su hogar, tal vez una camisa favorita que necesita ser remendada o una pila de ropa sucia olvidada, tiene la oportunidad de cubrir a sus seres queridos con gracia y consideración antes de que un pequeño descuido se convierta en frustración.

3. Pago de facturas = Provisión y asociación

Puede que los presupuestos no sean el aspecto más romántico del matrimonio, pero hablan de un compromiso más profundo.

Un Amor que Vale la Pena Esperar: Felices para Siempre

Romanos 12:17 nos anima: "No paguéis a nadie mal por mal; procurad lo bueno delante de todos los hombres."

Este versículo nos llama a responder al mal con bondad y a buscar siempre lo que es bueno y honorable en nuestras interacciones. Es un recordatorio de que nuestras acciones pueden reflejar el carácter de Cristo, incluso en situaciones difíciles.

Administrar bien las finanzas es una forma de mayordomía. Cuando abordas el pago de las facturas con honestidad, planificación y cooperación, no solo estás asegurando las necesidades de tu familia, sino que también te estás asociando activamente en el trabajo de construir algo eterno. Al manejar los recursos de tu hogar con cuidado, proteges el templo de tu matrimonio y creas un espacio donde el amor y la confianza pueden prosperar.

Reflexiona: ¿Estamos construyendo algo eterno con nuestros recursos? Pregúntense si sus prácticas financieras están alineadas con sus metas espirituales y relacionales a largo plazo, asegurándose de que cada dólar y decisión honre su compromiso compartido con la provisión de Dios.

4. Cocina = Alimento y Creatividad

Cocinar es mucho más que preparar una comida; Es un acto de nutrir tanto el cuerpo como el alma. A medida que

Un Amor que Vale la Pena Esperar: Felices para Siempre

preparas la comida, estás creando un entorno en el que la conexión puede florecer. La imagen de Jesús revelándose a sí mismo en una mesa. Lucas 24:30-31 nos recuerda que incluso las comidas ordinarias pueden convertirse en momentos extraordinarios de encuentro y gracia. "Y acontedió que, estando sentado con ellos a la mesa, tomó el pan y lo bendijo, lo partió, y les dio. Entonces les fueron abiertos los ojos, y le reconocieron; mas él se desapareció de su vista."

Este pasaje describe un momento profundamente significativo después de la resurrección de Jesús, cuando los discípulos en el camino a Emaús finalmente lo reconocen al partir el pan. Es un recordatorio de cómo Cristo se revela en actos sencillos pero llenos de significado, como compartir una comida.

Reflexiona: ¿Es nuestra mesa un lugar de estrés o de alegría, calidez y gratitud? Tómese el tiempo para considerar si sus comidas están impregnadas de conversación, oración y espíritu de celebración, o si se han convertido en meras rutinas. Cultiva una mesa en la que cada plato servido se convierta en una invitación a conectar y regocijarse juntos.

Un Amor que Vale la Pena Esperar: Felices para Siempre

5. Ritmos rutinarios = Adoración en movimiento

El amor en el matrimonio a menudo se asemeja al latido constante y rítmico de un corazón en lugar de estallidos esporádicos y abrumadores de pasión. Los actos rutinarios, esos pequeños y repetidos gestos de cuidado, son la base sobre la que se construye un amor duradero. Lucas 16:10 nos dice: "El que es fiel en lo muy poco, también en lo más es fiel; y el que en lo muy poco es injusto, también en lo más es injusto."

Este versículo nos enseña que la fidelidad y la integridad en las pequeñas cosas son indicadores de cómo actuaremos en asuntos más grandes. Es un llamado a vivir con consistencia y responsabilidad en cada aspecto de nuestra vida.

Cada tarea predecible y cotidiana realizada con amor y fidelidad se convierte en una forma de adoración en movimiento, un sacrificio continuo y vivo que da forma a tu alma. Ya sea que se despierten a la misma hora todos los días para compartir una taza de café o mantengan una oración silenciosa juntos en los momentos tranquilos antes de acostarse, estas rutinas reflejan un compromiso que trasciende lo ordinario.

Reflexiona: ¿Soy fiel en los lugares inadvertidos? Pregúntate cómo puedes ser fiel e intencional en las pequeñas tareas, esos momentos inadvertidos que, en conjunto, definen el carácter y la fortaleza de tu matrimonio.

Un Amor que Vale la Pena Esperar: Felices para Siempre

Cuando las tareas cotidianas se ven a través de la lente de la fe y el servicio, se convierten en mucho más que quehaceres: se convierten en vías para expresar el amor celestial en la tierra. Ya sea sirviendo lavando los platos, cubriendo a su familia con gracia a través de la lavandería, administrando sus recursos como un socio fiel, nutriéndose mutuamente a través de la cocina o estableciendo ritmos rutinarios de adoración en los pequeños momentos, cada acto es una oportunidad para encarnar el amor desinteresado de Cristo.

Que esta reflexión te inspire a ver tus rutinas diarias como oportunidades para honrar a Dios y a tu cónyuge, convirtiendo las tareas ordinarias en actos extraordinarios de amor que transformen tu hogar en un lugar donde el cielo se encuentra con lo cotidiano.

Que estas reflexiones te ayuden a abrazar lo sagrado en lo mundano, descubriendo que cada aspecto de tu vida diaria es una oportunidad para adorar, servir y expresar el amor de Cristo en tu matrimonio.

¿Sabías que...?

Un estudio del Proyecto Nacional de Matrimonio de la Universidad de Virginia encontró que las parejas que expresan aprecio por **las pequeñas tareas diarias** (como preparar café, lavar los platos o empacar el almuerzo) reportan **niveles más altos de felicidad general y**

conexión emocional que las parejas que se enfocan solo en "tiempo de calidad".

La gratitud en lo mundano hace que el amor sea sostenible.

Cómo invitar a Dios a lo cotidiano

En los momentos ordinarios de la vida, la presencia de Dios puede transformar las tareas rutinarias en actos de adoración y reflexión. Cuando invitas intencionalmente a Dios a los detalles, cada tarea se convierte en una oportunidad sagrada para acercarte a Él, profundizar tu vida espiritual y cultivar una atmósfera de amor y gracia en tu hogar.

1. Reza mientras limpias

Imagina convertir algo tan mundano como lavar los platos en un encuentro espiritual. En lugar de simplemente limpiar la suciedad, vea su fregadero como un altar, una oportunidad para conversar con Dios en los momentos tranquilos de la rutina. Mientras limpias, deja que tus pensamientos se llenen de oración, gratitud y peticiones, transformando una tarea diaria en un diálogo sagrado con el Creador. Este acto intencional limpia el espacio físico y refresca tu corazón espiritual, recordándote que incluso la tarea más simple puede ser un acto sagrado.

Reflexiona: ¿Cómo puedo invitar a Dios incluso a este momento de limpieza, dejando que Su presencia transforme las tareas rutinarias en momentos de adoración?

Un Amor que Vale la Pena Esperar: Felices para Siempre

2. Habla bendiciones sobre tu cónyuge mientras duerme

El dormitorio, a menudo un lugar de descanso y refugio, puede transformarse en un santuario de bendición. Antes de que tu cónyuge se despierte, di palabras de amor, aliento y oración por ellos. Bendecir a tu cónyuge mientras duerme es un acto íntimo que ablanda los corazones y crea una atmósfera amable de cuidado. Es una forma tranquila y profunda de invitar la paz de Dios a tu hogar, estableciendo un tono de intimidad espiritual que trasciende la noche y prepara el corazón para un nuevo día.

Reflexiona: ¿Qué palabras sencillas y amorosas puedo decir para elevar a mi cónyuge, invitando a la gracia de Dios a nuestro retiro personal?

3. Celebra lo ordinario

Los momentos cotidianos están llenos de pequeños actos que a menudo pasan desapercibidos, pero son oportunidades para celebrar la bondad de Dios. Ya sea dando las gracias por los pequeños actos de bondad, sonriendo al doblar la ropa o encendiendo una vela en la cena, estos sencillos gestos se convierten en vías de adoración. Al celebrar lo ordinario, te recuerdas a ti mismo y a tu familia que Dios está presente incluso en los detalles más pequeños. Tal conciencia transforma un día normal en una serie de momentos sagrados, cada uno de los

Un Amor que Vale la Pena Esperar: Felices para Siempre

cuales es un recordatorio de Su amor y cuidado constantes.

Reflexiona: ¿Cómo puedo celebrar intencionalmente estas pequeñas bendiciones e invitar a la gratitud a cada momento de mi día?

4. Crea ritmos sagrados

La constancia en lo cotidiano puede anclar tu vida espiritual. Aparta incluso cinco minutos de lectura compartida de las Escrituras o de preparación para el día de reposo para formar ritmos sagrados dentro de tu hogar. Estos hábitos regulares e intencionales se convierten en el ritmo que estabiliza su semana: momentos tranquilos que desarrollan consistencia en la fe, fomentan la anticipación mutua de la guía de Dios y tejen un hilo constante de Su presencia a lo largo de su vida diaria. Con el tiempo, estos momentos crean colectivamente un santuario en tu hogar donde cada ritmo apunta a Dios.

Reflexiona: ¿Hay pequeños momentos en mi día que puedo dedicar a invitar a Dios a ser parte de nuestro ritmo, una cita diaria que marca la pauta para el resto de nuestra semana?

Invitar a Dios a lo cotidiano no se trata de grandes gestos o rituales elaborados. Se trata de transformar las tareas ordinarias en actos sagrados: convertir un fregadero en un altar con limpieza en oración, bendecir a tu cónyuge

Un Amor que Vale la Pena Esperar: Felices para Siempre

mientras duerme, celebrar las pequeñas alegrías y crear momentos recurrentes de conexión espiritual. Cuando adoptas estas prácticas, comienzas a ver cada momento como una oportunidad para encontrarte con lo divino. Al hacerlo, creas un hogar donde la luz de Dios brilla a diario, y donde cada tarea, sin importar cuán simple sea, se convierte en un testimonio de Su presencia perdurable.

Que esta reflexión te inspire a abrazar lo sagrado en lo mundano, invitando a Dios a todos los aspectos de tu vida diaria para que Su presencia transforme continuamente lo ordinario en algo extraordinario.

Oración por lo mundano

Señor, quiero verte en las cosas pequeñas. Enséñame a amar a través de actos que pasan desapercibidos. Hazme fiel en lo cotidiano, tierno en lo práctico, alegre en los momentos tranquilos. Permite que mi hogar se convierta en un lugar santo, no por perfección, sino porque Tú vives aquí. Amén.

Un Amor que Vale la Pena Esperar: Felices para Siempre

Preguntas de reflexión

1. ¿He echado de menos la presencia de Dios en las rutinas ordinarias del matrimonio?

2. ¿Sirvo con alegría o con resentimiento silencioso?

3. ¿Qué pequeño acto podría llegar a ser sagrado si se hiciera con amor e intención?

4. ¿Cómo podemos crear ritmos que acojan a Dios en nuestra vida cotidiana?

 ESCRIBE EN TU DIARIO

Haz una lista de cinco pequeñas maneras en que tu cónyuge te sirve regularmente, y agradécele a Dios por cada una. Luego, haz una lista de cinco nuevas maneras en las que quieres servir a tu cónyuge de manera más intencional esta semana.

Un Amor que Vale la Pena Esperar: Felices para Siempre

Un Amor que Vale la Pena Esperar: Felices para Siempre

Capítulo 20 El hogar lleno de oración: Cómo construir un ambiente donde mora el Espíritu

"Y harán un santuario para mí, y habitaré en medio de ellos." – Éxodo 25:8

Este versículo refleja el deseo de Dios de estar cerca de Su pueblo, estableciendo un lugar donde Su presencia pueda habitar entre ellos. Es un recordatorio de que Dios anhela una relación íntima con nosotros y que Su morada no solo está en templos físicos, sino también en los corazones de quienes le buscan.

Más que una casa, una morada para Dios

- Puedes tener una casa preciosa…
- Un suelo limpio…
- Una cama acogedora…
- Pero si la oración está ausente, **la paz también lo estará.**

La oración no es solo algo que las parejas deben hacer, es lo que **transforma su hogar en un santuario**. Invite a Dios a su horario, a su cocina, a su dormitorio, a su futuro y a los corazones de sus hijos.

Un Amor que Vale la Pena Esperar: Felices para Siempre

Aquellos que dedican su hogar como un espacio para la búsqueda sincera de Dios cosecharán abundantes bendiciones espirituales y emocionales. Cuando la presencia divina se invita intencionalmente a cada rincón del hogar—en las conversaciones, las decisiones y los actos cotidianos—se crea un ambiente transformador donde la gracia y la paz de Dios son palpables.

Profundizando en esta idea, cuando las familias priorizan la comunión con Dios a través de la oración, la meditación en Su palabra y los actos de amor mutuo, no solo están edificando una base espiritual sólida, sino que también están abriendo la puerta para que los ángeles ministren. Este ministerio celestial no es solo simbólico; impregna el hogar con una atmósfera santa que cambia el carácter y fortalece los lazos familiares.

La atmósfera santa no es simplemente la ausencia de conflictos, sino la presencia activa de virtudes divinas como el amor, la paciencia y la bondad. Tal hogar se convierte en un refugio del tumulto del mundo exterior, donde cada miembro encuentra consuelo, dirección y propósito. Este modelo no solo impacta a quienes viven en el hogar, sino que también actúa como un testimonio vivo para quienes lo visitan, irradiando la luz de Cristo hacia la comunidad.

Un hogar lleno de oración no significa un hogar perfecto. Significa un hogar donde Dios es invitado a **las imperfecciones**.

Un Amor que Vale la Pena Esperar: Felices para Siempre

Historia: La oración salvó su matrimonio

Ana y Martín estaban al borde del abismo. Lucha constante. Frialdad emocional. Incluso hablando de la separación.

Entonces, una noche, un amigo le envió un mensaje de texto: "Ayuna y ora durante 7 días. No arregles tu matrimonio, invita a Dios a él".

Y así lo hicieron. Ayunaron. Ungieron su puerta. Se sentaron juntos y dijeron solo cinco palabras: *"Jesús, por favor, vive aquí de nuevo"*.

No todo cambió de una vez. Pero algo se rompió en el Espíritu. Comenzó la curación. La amabilidad regresó. Y poco a poco, **Dios no solo arregló el matrimonio, sino que reinó en el hogar.**

¿Por qué la oración cambia la atmósfera?

En nuestras rutinas diarias se esconden oportunidades para encontrarnos con lo divino. Al transformar intencionalmente las tareas ordinarias en actos de adoración, creas una vida en la que la presencia de Dios impregna incluso los momentos más simples. Este enfoque no solo enriquece tu vida espiritual, sino que también trae una profunda paz y unidad a tu hogar.

Un Amor que Vale la Pena Esperar: Felices para Siempre

1. Reza mientras limpias

Convierte tu fregadero y encimera en un altar. En lugar de ver la limpieza como una tarea mundana, permite que se convierta en un tiempo sagrado de comunión con Dios. Al lavar los platos o quitar el polvo de los estantes, invita al Espíritu a barrer y fregar. Imagina que cada plato, cada utensilio, se refresca no solo física sino espiritualmente, un recordatorio de que Dios puede hacer de cada tarea un acto de adoración.

Reflexiona: ¿Puedo transformar mi rutina de limpieza en un encuentro alegre y de oración con Dios?

2. Habla bendiciones sobre tu cónyuge mientras duerme

La tranquilidad antes del amanecer ofrece un momento único e íntimo para bendecir a su cónyuge. Mientras descansan, susurre palabras de aliento, amor y oración. Deja que tu dormitorio se convierta en un santuario donde reine la paz y se hable del favor de Dios sobre cada alma que duerme allí. Estas suaves bendiciones no solo nutren el espíritu de tu pareja, sino que también establecen un tono de ternura y gracia en tu hogar.

Reflexiona: ¿Qué palabras amorosas puedo compartir en silencio que envolverán a mi cónyuge con un sentido del cuidado de Dios?

Un Amor que Vale la Pena Esperar: Felices para Siempre

3. Celebra lo ordinario

Los momentos cotidianos a menudo esconden bendiciones extraordinarias. Sonríe al doblar la ropa, agradece a tu familia por los pequeños actos de bondad que muestran y enciende una vela en la cena para recordarse mutuamente la luz de Cristo, incluso en la oscuridad. Estos simples actos son expresiones de gratitud que reconocen la bondad de Dios en cada detalle de la vida. Al celebrar lo ordinario, comienzas a ver que la vida misma es una razón continua para dar gracias.

Reflexiona: ¿Cómo puedo hacer una pausa intencional para dar gracias por las pequeñas bendiciones de nuestro día?

4. Crea ritmos sagrados

La constancia en nuestras rutinas diarias forma la columna vertebral de una vida espiritual vibrante. Incluso apartar cinco minutos de lectura compartida de las Escrituras o de preparación para el día de reposo puede anclar tu semana y profundizar tu conexión con Dios. Establece estos momentos regulares de oración, meditación o adoración como citas no negociables con la Divinidad. Con el tiempo, estos ritmos sagrados se convierten en el pulso de tu hogar, infundiendo cada aspecto de tu vida con santidad intencional.

Un Amor que Vale la Pena Esperar: Felices para Siempre

Reflexiona: ¿Qué momentos sagrados diarios puedo crear que harán de nuestro hogar un lugar continuo de renovación espiritual?

Invitar a Dios a lo cotidiano significa reconocer que incluso las tareas más sencillas —limpiar, decir palabras amables, celebrar pequeños actos y establecer ritmos diarios— pueden transformarse en oportunidades para encontrar Su presencia. Al adoptar conscientemente estas prácticas, pasas de ver las tareas rutinarias como cargas a verlas como momentos de gracia y adoración. Al hacerlo, creas una atmósfera en la que el cielo se encuentra verdaderamente con lo cotidiano, y cada acción se convierte en una ofrenda a Aquel que transforma todas las cosas en momentos sagrados.

Que estas reflexiones te inspiren a ver cada momento como una oportunidad para invitar a la presencia de Dios, transformando lo ordinario en una serie de citas divinas que nutren tu alma y bendicen tu hogar.

¿Sabías que...?

Los estudios del Proyecto de Florecimiento Humano de la Universidad de Harvard muestran que las familias que oran juntas con regularidad son significativamente más propensas a experimentar:

- Reducir el estrés y la ansiedad
- Niveles más altos de gratitud

- Mayor regulación emocional
- Conexión interpersonal más profunda

Incluso la ciencia está de acuerdo: la oración no solo es poderosa, sino transformadora.

5 hábitos de un hogar lleno de oración

Estos hábitos transforman los momentos cotidianos en encuentros sagrados con Dios, alimentando la intimidad espiritual en su familia y hogar. Cada práctica invita a la presencia de Dios y construye una base de unidad, paz y amor que puede sostener su hogar a través de todas las estaciones de la vida.

1. Comiencen el día en oración juntos

Comience cada mañana reuniéndose en familia, incluso si es solo por 2 o 3 minutos. Tomados de la mano, pronuncien palabras de bendición a lo largo del día e inviten al Espíritu Santo a guiar cada paso. Este simple momento compartido establece un tono positivo y fomenta un sentido de unión que puede extenderse a través de todas sus interacciones diarias.

Reflexiona: Considera cómo unos minutos de oración intencional pueden cambiar tu mentalidad durante todo el día. ¿Puedes crear una rutina matutina que combine gratitud, esperanza y propósito en tu comienzo?

Un Amor que Vale la Pena Esperar: Felices para Siempre

2. Crea un espacio de oración o altar

Dedica una pequeña área de tu casa a la oración. Puede ser un rincón tranquilo adornado con una Biblia, velas, una silla favorita o tarjetas de oración significativas. Al hacer que este espacio sea visualmente sagrado, te recuerdas a ti mismo y a tu familia que Dios siempre está cerca, incluso en el ajetreo de la vida cotidiana.

Reflexiona: ¿Cómo podría un rincón dedicado a la oración ayudarte a ti y a tu familia a reenfocarse durante los momentos estresantes o las transiciones? ¿Qué elementos harían que el espacio fuera significativo y acogedor?

3. Bendice las comidas con intención

Transforma la hora de la comida en una oportunidad para declarar algo más que gratitud. En lugar de simplemente decir gracias, tómate un momento para hablar de bendiciones sobre tu comida: declara paz, salud, provisión y agradecimiento. Esta práctica convierte una comida ordinaria en un poderoso recordatorio del cuidado y sustento continuos de Dios.

Reflexiona: ¿De qué maneras puedes ir más allá de una oración rutinaria en la mesa? ¿De qué manera las bendiciones intencionales sobre tu comida podrían nutrir una conciencia más profunda de la provisión de Dios en tu vida diaria?

Un Amor que Vale la Pena Esperar: Felices para Siempre

4. Termina el día en oración

Antes de acostarse, cúbrase unos a otros en oración. Al terminar el día, pronuncie palabras de aliento y gratitud hacia cada miembro de la familia: mencione a sus hijos por su nombre, pida descanso y restauración, e invite a la protección de Dios para que los lleve a todos a un sueño tranquilo. Esta práctica no solo calma el espíritu, sino que también genera confianza en la presencia constante de Dios, incluso en las horas tranquilas de la noche.

Reflexiona: ¿Qué pequeños rituales podrían ayudarte a pasar del ajetreo del día a un estado de paz reflexiva? ¿Cómo puede personalizar sus oraciones antes de acostarse para honrar las necesidades de cada miembro de la familia?

5. Reza cuando hay conflicto

Cuando las tensiones aumenten, haz una pausa en la discusión y elige la oración como tu primera respuesta. Tómese un momento para tomarse de las manos, respirar profundamente y decir en voz alta: "Pidámosle a Dios que nos ayude a escucharnos unos a otros". Esta pausa intencional puede calmar la ira, suavizar los corazones obstinados y abrir el espacio para un diálogo honesto. Al invitar a Dios al conflicto, transformas un momento potencialmente divisivo en un punto de inflexión para la sanación y la reconexión.

Un Amor que Vale la Pena Esperar: Felices para Siempre

Reflexiona: ¿Cómo puedes cultivar el hábito de hacer una pausa para orar en medio de un desacuerdo? Considere el impacto de la oración sincrónica y sincera para convertir el conflicto en un catalizador para una comprensión y unidad más profundas.

Un hogar lleno de oración no se construye de la noche a la mañana; se nutre de hábitos pequeños, pero poderosos que invitan a Dios a cada rincón de tu vida. Comenzar y terminar el día en oración, crear un espacio dedicado a Dios, bendecir las comidas con intención y convertir los momentos de conflicto en oportunidades para la intervención divina sientan las bases para un hogar donde el cielo y la vida cotidiana se fusionan a la perfección. A medida que estos hábitos se arraiguen, descubrirá que cada aspecto de su vida familiar se convierte en un testimonio vivo de la fe, la gratitud y el poder transformador del amor de Dios.

Que estas reflexiones te inspiren a tejer la oración en el tejido de tus rutinas diarias, transformando tu hogar en un santuario del amor, la paz y la presencia perdurable de Dios.

Oración para un hogar lleno de oración

Espíritu Santo, no queremos solo una casa pacífica, queremos una morada donde Tú mores. Enséñanos a orar con pasión, paciencia y propósito. Haz de nuestro hogar un lugar donde moren los ángeles, los niños crezcan en la

Un Amor que Vale la Pena Esperar: Felices para Siempre

fe y los extraños sientan el cielo. Que esta casa se llene de Tu gloria. Amén.

Preguntas de reflexión

1. ¿Es la oración un hábito en nuestro hogar, o una reacción a la crisis?
2. ¿Qué atmósfera espiritual siento en nuestro espacio vital?
3. ¿Cómo puedo modelar una vida de oración para mi cónyuge o mis hijos?
4. ¿Qué nos impide orar juntos más a menudo?

 ESCRIBE EN TU DIARIO

Diseña un "Ritmo de Oración" para tu hogar. ¿A qué hora comenzarás el día en oración? ¿Qué lugar le dedicarás como sagrado? ¿Por quién vas a orar? ¿Qué promesas hablarás a tu familia a diario?

Un Amor que Vale la Pena Esperar: Felices para Siempre

Capítulo 21 Dejando un legado: el amor que resuena en la eternidad

"El bueno dejará herederos a los hijos de sus hijos; Pero la riqueza del pecador está guardada para el justo." - Proverbios 13:22

Este versículo nos recuerda la importancia de vivir con integridad y propósito, dejando un legado que beneficie a las generaciones futuras. También subraya cómo las bendiciones de los justos trascienden, mientras que las riquezas obtenidas sin rectitud no tienen el mismo impacto duradero.

Cuando el amor te sobrevive

Un día, las voces de tu casa se callarán. Los platos dejarán de tintinear. La cama se quedará hecha. Y el amor que viviste, en palabras, en oraciones, en servicio, será lo único que quede resonando en los corazones de aquellos a quienes tocaste.

El matrimonio no es solo de ahora. Se trata de un legado.

Tu pacto tiene el poder de moldear generaciones:

- Cómo aman tus hijos
- Cómo perdonan
- Cómo creen

Un Amor que Vale la Pena Esperar: Felices para Siempre

- Cómo rezan
- Cómo confían en Dios en épocas de pérdida o alegría

Estás escribiendo una historia. Y mucho después de que te hayas ido, tu historia seguirá hablando.

"Y las repetirás a tus hijos, y hablarás de ellas estando en tu casa, y andando por el camino, y al acostarte, y cuando te levantes." – Deuteronomio 6:7

Este versículo nos llama a integrar los mandamientos de Dios en cada aspecto de nuestra vida cotidiana, enseñándolos a las generaciones futuras con constancia y dedicación. Es una invitación a vivir una fe activa que impregne nuestras palabras, acciones y relaciones.

Historia: Una tabla de generaciones

Ruth y Hernando estuvieron casados 56 años. Todos los viernes, reunían a sus hijos y nietos para comer. No importaba cuán ocupada se volviera la vida, el Sabbat comenzaba con la adoración en su mesa.

Cuando fallecieron, su nieta Ana dijo:

"Lo que más recuerdo no es la comida. Era la forma en que el abuelo tocaba la mano de la abuela mientras rezaba. Era la forma en que se perdonaban rápidamente. Su amor nos enseñó quién es Dios".

Un Amor que Vale la Pena Esperar: Felices para Siempre

Hoy en día, Ana y su esposo dirigen un ministerio familiar joven. El eco continúa.

El poder de un legado piadoso

En su vida diaria juntos, cada acto, ya sea grande o pequeño, se convierte en un testimonio del amor y la gracia de Dios. Cuando vives tu matrimonio con integridad, sirve como un sermón siempre presente para los que te rodean. Explore a continuación cómo su compromiso puede influir en su hogar y en las generaciones venideras:

1. Tu matrimonio se convierte en un sermón viviente

Como 2 Corintios 3:2 declara, "Nuestras cartas sois vosotros, escritas en nuestros corazones, conocidas y leídas por todos los hombres."

Este versículo utiliza una metáfora poderosa para describir cómo la vida de los creyentes es un testimonio vivo del mensaje de Cristo. Al vivir de manera que refleje Su amor y verdad, nuestras acciones y carácter se convierten en una carta abierta que otros pueden leer y ser inspirados.

Si bien es posible que no te pares en un púlpito para predicar, tu matrimonio en sí es un testimonio escrito para el mundo exterior. Cada palabra amable, cada acto de servicio y cada momento de sacrificio mutuo hablan del Evangelio en acción. Su fidelidad y compromiso se

Un Amor que Vale la Pena Esperar: Felices para Siempre

convierten en un sermón viviente, un testimonio visible y poderoso que invita a otros a ver a Cristo a través de su relación. Al vivir tu compromiso de pacto, no solo honras a Dios, sino que también inspiras a aquellos que observan la gracia y el amor dentro de tu hogar.

Reflexiona: ¿Cómo pueden mis acciones diarias en casa convertirse en un testimonio del amor de Dios, visible para amigos, familiares e incluso extraños?

2. Tus hijos aprenden a amar mirándote

Proverbios 20:7 nos recuerda, "Camina en su integridad el justo; Sus hijos son dichosos después de él."

Este versículo resalta el impacto duradero de una vida vivida con integridad. La justicia y la rectitud no solo benefician al individuo, sino que también dejan un legado de bendición para las generaciones futuras. Es un recordatorio de que nuestras acciones hoy pueden sembrar felicidad y estabilidad en los que vienen después.

Su hogar es el primer y más influyente salón de clases al que entrarán sus hijos. Absorben lo que ven: tu ternura en momentos de conflicto, la humildad de tus disculpas, el poder curativo de tu honestidad y el efecto transformador de tus oraciones. Cada gesto amable y cada momento de integridad se convierten en parte de su proyecto de amor. Al vivir un matrimonio marcado por el cuidado genuino

Un Amor que Vale la Pena Esperar: Felices para Siempre

y la profundidad espiritual, les proporcionas a tus hijos un legado de amor que da forma a sus relaciones futuras.

Reflexione: ¿Qué expresiones cotidianas de amor están presenciando mis hijos, y cómo están moldeando su comprensión del amor verdadero y centrado en Dios?

3. Tu constancia deja espacio para la bendición generacional

Lucas 1:50 proclama, "Y su misericordia es de generación en generación a los que le temen."

Este versículo nos recuerda la fidelidad y la misericordia de Dios, que trascienden el tiempo y alcanzan a todos aquellos que le reverencian. Es un llamado a vivir con temor reverente y confianza en Su amor eterno.

Cada decisión constante y que honre a Dios en su matrimonio es una inversión en el futuro, no solo para usted y su cónyuge, sino para las generaciones venideras. Cuando te comprometes a vivir fielmente en los pequeños detalles, siembras semillas que pueden producir bendiciones mucho más allá de tu vida. Su constancia diaria en seguir los principios de Dios construye una base firme, asegurando que el legado de amor y obediencia se transmita a sus hijos, nietos y bisnietos.

Un Amor que Vale la Pena Esperar: Felices para Siempre

Reflexiona: ¿Cómo puede mi compromiso con los pequeños actos diarios de obediencia y gracia desbloquear bendiciones que se extiendan a las generaciones futuras?

4. Tu matrimonio puede sanar el pasado

Isaías 58:12 ofrece esperanza para romper los ciclos negativos, "Y los tuyos edificarán las ruinas antiguas; los cimientos de generación y generación levantarás, y serás llamado reparador de portillos, restaurador de calzadas para habitar."

Este versículo nos inspira a ser agentes de restauración y renovación, no solo en lo físico, sino también en lo espiritual y emocional. Es un llamado a reconstruir lo que está roto y a establecer un legado que trascienda generaciones.

A menudo, los ciclos de divorcio, adicción, ira o miedo han empañado los legados familiares. Sin embargo, al vivir un matrimonio que refleja el amor redentor de Dios, tienes el poder de romper esas cadenas. Su compromiso firme y su voluntad de perdonar pueden convertir una historia de dolor en una historia de sanación y nuevos comienzos. Al ser "el reparador de la brecha", su matrimonio se convierte en un puente hacia un futuro donde las cicatrices del pasado son reemplazadas por las promesas esperanzadoras de la gracia de Dios.

Un Amor que Vale la Pena Esperar: Felices para Siempre

Reflexiona: ¿De qué maneras puede nuestro matrimonio convertirse en una fuerza sanadora, una que transforme las heridas del pasado en la esperanza de un futuro más brillante y redimido?

Su matrimonio no es solo una relación privada, es un sermón vivo que respira. Ya sea a través de sus actos diarios de amor, el ejemplo que les da a sus hijos, las decisiones constantes que conducen a bendiciones generacionales o el poder sanador que tienen para romper ciclos destructivos, su vida juntos lo dice todo. Acepta esta verdad: tu matrimonio, basado en la sabiduría y el amor de Dios, es un poderoso testimonio que puede transformar los corazones y moldear el futuro.

Que estas reflexiones los inspiren a ver su matrimonio como un ministerio, un sermón viviente que no solo transforma sus propias vidas, sino que también bendice a aquellos que tienen la bendición de presenciarlo.

¿Sabías que...?

Un estudio de la Universidad de Notre Dame encontró que los niños que observan una **devoción espiritual constante y el amor de los padres** en el hogar son:

- Un 70% más de probabilidades de permanecer en la fe
- Más resiliente durante el trauma
- Es más probable que formen relaciones románticas saludables

- Más involucrados en la iglesia y la comunidad como adultos

El legado no es teoría. Es impacto.

Cómo construir un matrimonio que resuene más allá de ti

Cuando tu matrimonio no es solo para tu propio gozo, sino que se convierte en un legado que influye en las generaciones futuras, cada palabra, acción y tradición adquiere un significado eterno. Al adoptar hábitos que declaran la fidelidad de Dios, modelan el perdón, celebran el compromiso y bendicen a tu familia, creas un matrimonio cuya influencia se extiende mucho más allá de tu vida.

1. Ore en voz alta, y con frecuencia

En tu matrimonio, permite que la oración sea una expresión vibrante y audible de tu fe. Cuando oras en voz alta, no solo invitas a la presencia de Dios a tu vida diaria, sino que también das un poderoso ejemplo para tus hijos, familiares e invitados. Imagínese su conversación con Dios, llenando el hogar con un espíritu de paz y aliento: cada oración se convierte en una declaración de confianza en Su amor y poder. Este constante envoltorio de fe señala que Cristo está en el centro de su unión.

Un Amor que Vale la Pena Esperar: Felices para Siempre

Reflexiona: Pregúntate: ¿Cómo pueden mis oraciones diarias transformar nuestro hogar en un santuario donde el nombre de Dios se pronuncia con amor y confianza?

2. Cuente historias de la fidelidad de Dios

Un matrimonio que resuena más allá de ti está impregnado de recuerdos de la provisión milagrosa y la gracia de Dios. Compartir testimonios personales de cómo Dios se ha manifestado en tu vida, ya sea en momentos de alegría o a través de pruebas, en la mesa o durante las reuniones familiares, no solo fundamenta tu matrimonio en la verdad de Dios, sino que también inspira a quienes te rodean. Estas historias recuerdan a todos que la fe está viva y activa en su caminar diario.

Reflexione: Considere: ¿Qué momentos memorables de la fidelidad de Dios puedo recordar que animarán a mi familia y a mis invitados a confiar en Él más profundamente?

3. Modela el perdón que sana, no el silencio que avergüenza

El perdón es la piedra angular de las relaciones duraderas. Cuando modelas el perdón ofreciendo disculpas sinceras y buscando la reconciliación, no solo estás sanando heridas en tu matrimonio, sino que también estás enseñando a tus hijos cómo navegar el conflicto con gracia. Tu voluntad de decir "lo siento" y reparar los puentes rotos se convierte en una lección viviente de humildad y amor que empodera a la próxima generación para abordar los errores con un espíritu sanador en lugar de silencio o vergüenza.

Reflexiona: Pregúntate: ¿Cómo pueden mis propios actos de perdón crear un efecto dominó en nuestra familia, enseñando a nuestros hijos que la sanación comienza con una disculpa sincera?

4. Celebra el compromiso

El compromiso es un pacto que merece ser celebrado. Ya sea a través de tradiciones de aniversario, marcando hitos de fe o simplemente reconociendo los pequeños, pero significativos momentos de amor duradero, celebrar su compromiso infunde alegría a su matrimonio. Estas celebraciones no se tratan solo de recordar; son declaraciones de las promesas que se han hecho el uno al otro y a Dios. Al crear tradiciones alegres, afirmas que tu viaje es sagrado y digno de celebración, incluso cuando el camino es largo.

Reflexione: Considere: ¿Qué tradiciones o celebraciones especiales podemos introducir que honren abiertamente nuestro compromiso continuo con Dios y con los demás?

Un Amor que Vale la Pena Esperar: Felices para Siempre

5. Escribe una bendición sobre tu familia

Hay poder en las bendiciones habladas y escritas. Comprometerse a escribir una bendición sobre su familia con regularidad, ya sea pronunciada en oración, escrita en un diario o enmarcada en su pared, es una forma tangible de proclamar la gracia de Dios sobre sus seres queridos. A medida que repita esta práctica año tras año, sus bendiciones se convertirán en parte de su historia familiar, infundiendo fe y confianza en cada nueva generación. Al hacerlo, estableces un legado de esperanza y favor divino que resuena en los corazones de todos los que vienen después de ti.

Reflexione: Pregúntese: ¿Cómo puedo incorporar bendiciones regulares e intencionales que le recuerden a nuestra familia las promesas de Dios y el amor perdurable?

Construir un matrimonio que resuene más allá de ti requiere intencionalidad y devoción diaria a prácticas que honren a Dios y nutran a tu familia. Al orar en voz alta, compartir historias de Su fidelidad, modelar el perdón sanador, celebrar tu compromiso y escribir bendiciones sobre tus seres queridos, creas un legado duradero de fe. Su matrimonio se convierte entonces en un sermón viviente, un testimonio que inspira a otros, da forma a la vida de sus hijos y extiende el amor de Dios hacia el futuro.

Que estas reflexiones los inspiren a construir un matrimonio que no solo traiga alegría y unidad en el presente, sino que también deje una huella indeleble en las

Un Amor que Vale la Pena Esperar: Felices para Siempre

generaciones futuras, un legado de fe, esperanza y amor que resuena mucho más allá de sus propias vidas.

Oración para dejar un legado piadoso

Padre, queremos más que un buen matrimonio, queremos uno piadoso. Uno que resuene a través de las generaciones, uno que enseñe sin palabras, uno que encienda un fuego en los corazones de nuestros hijos. Haz que nuestro hogar sea santo. Deja que nuestra historia te glorifique, y que nuestro amor dure mucho después de que nos hayamos ido. Amén.

Preguntas de reflexión

1. ¿Qué legado espiritual se me transmitió y qué quiero transmitir?

2. ¿Mi matrimonio y mi hogar reflejan el amor de Cristo de manera constante?

3. ¿Qué hábitos o tradiciones puedo comenzar hoy que bendecirán a las generaciones futuras?

4. ¿Estoy construyendo por conveniencia o para la eternidad?

Un Amor que Vale la Pena Esperar: Felices para Siempre

 ESCRIBE EN TU DIARIO

Escribe una carta a tus futuros nietos. ¿Qué esperas que digan sobre tu matrimonio? ¿Tu fe? ¿Tu amor? Ahora escribe tres decisiones que puedes tomar hoy para convertirte en ese legado.

Un Amor que Vale la Pena Esperar: Felices para Siempre

Un Amor que Vale la Pena Esperar: Felices para Siempre

Capítulo 22 El cielo en casa: Un último encargo para los jóvenes enamorados

"Venga tu reino. Hágase tu voluntad, como en el cielo, así también en la tierra." – Mateo 6:10

Este versículo forma parte de la oración del Padre Nuestro y refleja el deseo de que el reino de Dios se manifieste en la tierra y que Su voluntad sea cumplida en nuestras vidas. Es un llamado a vivir en alineación con los propósitos divinos.

¿Qué pasaría si el hogar pudiera sentirse como el cielo?

¿Qué pasaría si el matrimonio no se tratara solo de sobrevivir, sino de **ensayar la eternidad**? ¿Qué pasaría si tu cocina se convirtiera en un lugar de oración? ¿Qué pasaría si tu dormitorio estuviera lleno de paz? ¿Qué pasaría si tu sala de estar acogiera la presencia de Dios?

El cielo no está destinado a ser un destino lejano. Comienza **ahora**, en ti y **en tu hogar**.

"Así alumbre vuestra luz delante de los hombres, para que vean vuestras buenas obras y glorifiquen a vuestro Padre..." – Mateo 5:16

Un Amor que Vale la Pena Esperar: Felices para Siempre

El mundo está desesperado por hogares que brillen. Los hijos anhelan padres que amen sin condiciones. Los corazones anhelan lugares seguros donde abunda la gracia, y Jesús no es un huésped, **sino el Señor de la casa.**

Historia: Una joven pareja que se convirtió en un avivamiento viviente

Maya y Caleb tenían solo 26 años cuando se casaron. Tenían poco dinero, pero mucha fe. Consagraban su apartamento con aceite, ponían música de adoración mientras limpiaban, leían las Escrituras por las mañanas y oraban antes de cualquier desacuerdo.

No fue magia, fue intencional. Su casa no parecía grande. Pero se **sentía como el cielo.** Los amigos dijeron: "*Siento paz aquí*". Los niños dijeron: "*¿Podemos volver mañana?*"

Y cuando nació su primer hijo, susurraron: "*Bienvenido a un hogar santo, pequeño*".

¿Cómo es el cielo en casa?

Esta reflexión revela una visión de un hogar saturado con la presencia de Dios, un lugar donde Su amor, orden y gracia que cambia la vida se manifiestan en cada detalle. Cuando el cielo está en casa, cada acción, cada palabra y cada interacción encarna el calor divino que trasciende las limitaciones humanas.

Un Amor que Vale la Pena Esperar: Felices para Siempre

1. Jesús es el centro, no solo invitado ocasionalmente

"… escogeos hoy a quién sirváis…pero yo y mi casa serviremos a Jehová." – Josué 24:15

Este versículo es una declaración poderosa de compromiso y liderazgo espiritual. Josué desafía al pueblo a tomar una decisión clara sobre a quién servirán, subrayando la importancia de la elección personal y familiar de seguir a Dios.

En un hogar que refleja el cielo, Jesús no es simplemente un invitado ocasional en los servicios dominicales o durante una cena especial; Él está en el corazón mismo de cada momento. Él es el Dueño que reclama a tu familia, el consejero que guía las decisiones y el Amigo que camina contigo a través de cada alegría y prueba. Su presencia debe estar tan profundamente entretejida en tu vida diaria que el aire que respiras hable de Su amor y sabiduría. Un hogar centrado en Cristo irradia paz y dirección, proporcionando una base donde cada miembro entiende que su identidad y propósito están anclados en Él.

Reflexione: ¿Cómo podría invitar a Jesús a cada rincón de su hogar, no solo en momentos designados, sino como un compañero siempre presente en su rutina diaria?

Un Amor que Vale la Pena Esperar: Felices para Siempre

2. La gracia se habla más de lo que se espera la perfección

"Porque juicio sin misericordia se hará con aquel que no hiciere misericordia; y la misericordia triunfa sobre el juicio." – Santiago 2:13

Es un llamado a reflejar el carácter de Dios, quien siempre prioriza la compasión sobre el juicio.

En un cielo en casa, el lenguaje de la gracia se habla con fluidez. Nadie espera la perfección en esta familia; más bien, prevalece una cultura de perdón y comprensión. No estás criando ángeles, ni estás en un estado constante de unión perfecta con Cristo. En cambio, su hogar es un testimonio viviente de corazones redimidos, donde los errores se enfrentan con misericordia, las disculpas se ofrecen libremente y la reconciliación es la norma. Al valorar la gracia por encima de la perfección inalcanzable, creas una atmósfera en la que el amor supera todos los defectos y la curación se convierte en el lenguaje común.

Reflexiona: ¿Qué medidas puedes tomar hoy para asegurarte de que tu hogar refleje el carácter indulgente y misericordioso del cielo, incluso en medio de la imperfección humana?

3. La adoración y la oración son ambientes diarios, no eventos raros

"Orad sin cesar." – 1 Tesalonicenses 5:17

Un Amor que Vale la Pena Esperar: Felices para Siempre

Un hogar que resuena con las bendiciones del cielo está continuamente vivo con adoración y oración. No se trata solo de reunirse los domingos; está en las rutinas diarias: convertir las tareas mundanas en momentos de devoción, dejar que la música de fondo sea reemplazada por alabanzas espontáneas y adornar sus paredes con Escrituras que hablan vida. Cuando cada habitación resuena con el sonido de la adoración y el suave murmullo de la oración, su hogar se convierte en un santuario donde la presencia de Dios es palpable y Su paz impregna cada conversación y acción.

Reflexiona: ¿Cómo puedes transformar tus rutinas diarias, ya sea cocinando, limpiando o simplemente pasando tiempo juntos, en oportunidades para adorar y conectarte con Dios?

4. Los límites son claros, pero el amor es incondicional

"… Dios es amor; y el que permanece en amor, permanece en Dios, y Dios en él."– 1 Juan 4:16

El cielo en casa no está marcado por una libertad caótica, sino por límites establecidos con amor que fomentan la seguridad y el crecimiento. Las pautas claras y las reglas del hogar, como honrar los ritmos del día de reposo y mantener el respeto mutuo, ayudan a preservar un ambiente de orden y belleza. Sin embargo, estos límites no tienen que ver con el control; Están amorosamente establecidos para proteger los corazones de los que están dentro. Cuando la estructura del hogar se equilibra con el amor incondicional, cada regla se convierte en un testimonio del diseño de Dios, asegurando que, mientras se mantiene el orden, la gracia fluya libremente y las relaciones se nutran con bondad.

Reflexiona: ¿Qué límites simples y claros puedes establecer o reafirmar en tu hogar que promuevan la seguridad y el crecimiento, al mismo tiempo que reflejan un amor inquebrantable?

5. El espíritu de avivamiento vive en tu matrimonio

El avivamiento no se limita a los servicios en carpas o a eventos singulares, es una forma de vida que impregna sus interacciones diarias. Cada acto intencional que te acerca más a Dios tiene el poder de encender un despertar espiritual dentro de tu matrimonio. Cuando ayunan y oran, hablan bendiciones los unos sobre los otros, guardan sus palabras cuidadosamente, eligen amar incluso en tiempos difíciles y permanecen firmes cuando sería más fácil alejarse, transforman su unión en un altar viviente. En este ambiente dinámico, tu relación se convierte en un faro de esperanza y renovación, un avivamiento continuo que fortalece tu matrimonio e irradia el poder restaurador de Dios a todos los que te rodean.

Reflexiona: ¿De qué maneras prácticas puedes fomentar un espíritu de avivamiento en tu matrimonio para que

Un Amor que Vale la Pena Esperar: Felices para Siempre

cada día sea una oportunidad para volver a comprometerte con Dios y con el otro?

Un hogar donde habita el cielo no se basa en sueños meramente idealizados, sino en las prácticas tangibles de la vida diaria. Cuando Jesús se coloca en el centro, cuando la gracia habla más fuerte que la búsqueda de la perfección, cuando la adoración y la oración infunden cada momento, cuando los límites del amor están claramente definidos y cuando un espíritu de avivamiento enciende una transformación duradera, tu hogar se convierte en un reflejo del cielo en la tierra. Cada acto y cada palabra contribuyen a un legado que bendice a su familia e inspira a todos los que se encuentran con su vida juntos.

Que estas reflexiones te inspiren a crear una morada donde el cielo se encuentre con lo cotidiano, un hogar imbuido de la gracia, el orden, la alegría y el renacimiento del amor eterno de Dios.

Te conviertes en un **altar viviente**.

¿Sabías que...?

Barna Group informa que los hogares con **oración familiar diaria**, **adoración intencional semanal** y **misión compartida** producen niños que tienen *4 veces más probabilidades* de permanecer en la fe y *2 veces más probabilidades* de convertirse en líderes espirituales.

Un Amor que Vale la Pena Esperar: Felices para Siempre

El cielo es contagioso, especialmente cuando comienza en casa.

Tu último encargo como Juventud Enamorada

No eres demasiado joven.
No es demasiado tarde.
No estás demasiado roto.

Dios todavía está escribiendo tu historia. Y Él te está llamando a algo radical:

- Un amor que refleja el cielo
- Un matrimonio que construye altares
- Un hogar que da a luz al avivamiento
- Un legado que cambia generaciones

"… El reino de los cielos es semejante a la levadura …"- Mateo 13:33 comienza con tu hogar y observa cómo se levanta el Reino.

Oración final

Jesús, que nuestro amor sea santo. Que nuestro matrimonio sea Tuyo. Que nuestro hogar sea una puerta del cielo. Ven a habitar en nuestra risa, nuestro silencio, nuestra crianza, nuestro dolor. Haz que nuestra vida

Un Amor que Vale la Pena Esperar: Felices para Siempre

ordinaria sea extraordinaria a través de Tu Espíritu. Permite que las generaciones posteriores a nosotros caminen en la luz, porque elegimos amar como Tú. Amén.

Preguntas finales de reflexión

1. ¿Qué significa que el cielo comience en mi hogar?
2. ¿Qué pequeño acto de amor, oración o disciplina puede cambiar la atmósfera espiritual de hoy?
3. ¿Quiénes serán impactados eternamente por las decisiones que tome en el matrimonio?
4. ¿Qué es lo que el Espíritu Santo me pide que consagre, renda o reviva?

ESCRIBE EN TU DIARIO

Escribe una carta de dedicatoria y dirígela a Dios. Ofrece tu amor, tu matrimonio, tu hogar. Declara que tu casa será un lugar donde habitará el cielo. Séllalo con las Escrituras y la oración.

Un Amor que Vale la Pena Esperar: Felices para Siempre

Mis últimas palabras para el lector:

Fuiste creado para algo mucho más grande que lo temporal, más elevado que las emociones pasajeras. Tu historia de amor es un llamado divino, no solo para compartir momentos especiales, sino para edificar juntos un legado eterno. Cada acto de amor genuino, cada palabra de ánimo y cada decisión que prioriza la gracia y la paz puede convertirse en un ladrillo que construya la eternidad en tu hogar.

Dios te ha dado un propósito celestial, una misión de transformar tu familia y tu entorno en un reflejo vivo de Su reino. No importa cuán imperfectos sean los comienzos, lo que cuenta es la fidelidad con la que eliges amar y servir cada día. Esa fidelidad, como la levadura que crece en la masa, tiene el poder de transformar completamente tu hogar en un santuario donde la presencia divina se sienta en cada rincón.

Recuerda, fuiste creado no solo para enamorarte, sino para construir juntos la eternidad. Tu historia de amor puede trascender lo emocional; puede convertirse en una obra maestra eterna que inspire a generaciones. Ahora, ve y haz del cielo tu hogar. Vive con propósito, ama con compromiso, y deja que la luz de Dios irradie a través de cada gesto, cada sacrificio y cada momento de unión. ¡El Reino de los cielos comienza contigo y con los tuyos!

¡Es hora de vivirlo!

Un Amor que Vale la Pena Esperar: Felices para Siempre

Inventario prematrimonial

Si busca en Google "Inventario prematrimonial de Focus on the Family", encontrará un excelente recurso diseñado para ayudar a las parejas a prepararse para el matrimonio.

Un Amor que Vale la Pena Esperar: Felices para Siempre

Un Amor que Vale la Pena Esperar: Felices para Siempre

Conoce al Autor

La Dra. Mariangeli Morauske es una figura distinguida cuya carrera multifacética abarca la academia, el liderazgo y la orientación espiritual. Con una profunda dedicación a la educación y al servicio, ha hecho contribuciones significativas en varios roles, incluyendo profesora, directora, decana, académica y capellán.

Como profesora, la Dra. Morauske ha inspirado a innumerables estudiantes con su pasión por el conocimiento y su compromiso con la excelencia. Sus innovadores métodos de enseñanza y su profundo conocimiento de su campo le han valido el respeto y la admiración tanto de colegas como de estudiantes.

Más allá de sus logros académicos, la Dra. Morauske se desempeña como capellán, brindando apoyo espiritual y orientación a los necesitados. Su enfoque compasivo y su fe inquebrantable han tocado la vida de muchos, ofreciendo consuelo y esperanza en tiempos de dificultad.

La vida personal del Dr. Morauske es igualmente rica y satisfactoria. Es una esposa devota de su esposo, Daniel Morauske, y una madre amorosa de sus dos hijos. Su hija, Leilani, es enfermera registrada y educadora clínica y trabaja en un hospital de la reserva indígena Navajo en Arizona. Su hijo, Josiah, es un especialista en tecnología de la información que actualmente trabaja en Fort Worth,

Un Amor que Vale la Pena Esperar: Felices para Siempre

Texas. Equilibrando sus responsabilidades profesionales con sus compromisos familiares, la capacidad de la Dra. Morauske para nutrir y apoyar a sus seres queridos es un testimonio de su notable fuerza y carácter.

El Dr. Morauske tiene una maestría en Psicología de Consejería de la Universidad Nacional, una maestría en Ministerio Pastoral de la Universidad Andrews y un doctorado en Medicina. Su diversa formación académica subraya su compromiso con el bienestar físico, mental y espiritual.

Su viaje de vida la ha llevado por todo el mundo, habiendo vivido en Israel, Puerto Rico, Venezuela, Colombia, México y actualmente reside en Alvarado, Texas. Estas experiencias han enriquecido su perspectiva y profundizado su comprensión de diferentes culturas y comunidades. Por encima de todo, la Dra. Morauske se ve a sí misma como una sierva de Dios, dedicada a vivir una vida de propósito y fe. Su viaje es un testimonio del poder, de la dedicación, el amor y el servicio, y continúa inspirando a quienes la rodean con su compromiso inquebrantable de tener un impacto positivo en el mundo.

Un Amor que Vale la Pena Esperar: Felices para Siempre

Mis Notas

Un Amor que Vale la Pena Esperar: Felices para Siempre

Mis Notas

Un Amor que Vale la Pena Esperar: Felices para Siempre

Mis Notas

Un Amor que Vale la Pena Esperar: Felices para Siempre

Mis Notas

Un Amor que Vale la Pena Esperar: Felices para Siempre

Mis Notas

Un Amor que Vale la Pena Esperar: Felices para Siempre

Mis Notas

Bibliografía

Informes de investigación, encuestas y estudios organizacionales

AACC. (2022). Marriage Recovery and Spiritual Intervention Study.

American Psychological Association. (2018). Understanding Teen Dating Violence. Retrieved from www.apa.org

American Psychological Association. (2019). Trauma & Marriage Study. Retrieved from www.apa.org

Barna Group. (2022a). Spiritual Vibrancy in the Home Study.

Barna Group. (2022b). State of the Church and Family Research.

Barna Group. (2022c). State of the Church and Marriage Resilience.

National Marriage Project. (2022). Before "I Do". University of Virginia.

Pew Research Center. (2021). Religion and Marriage Statistics in the U.S.

Harvard Human Flourishing Program. (2021). Prayer and Wellbeing Report.

Stanley, S. M. et al. (2006). Faith and Family During Crisis. National Marriage Project.

Un Amor que Vale la Pena Esperar: Felices para Siempre

Stanley, S. M., Amato, P. R., Johnson, C. A., & Markman, H. J. (2006). Premarital Education, Relationship Quality, and Marital Stability. *Journal of Family Psychology, 20*(1), 117-126.

University of Notre Dame. (2021). Families and Faith Project.

Wilcox, W. B. (2017). The State of Our Unions. National Marriage Project.

Wilcox, W. B. (2020). The State of Our Unions. National Marriage Project.

Wilcox, W. B., & Wolfinger, N. H. (2019). Sex and Marriage in the 21st Century. Institute for Family Studies.

Artículos de revistas revisadas por profesionales

Busby, D. M., Carroll, J. S., & Willoughby, B. J. (2010). Compatibility or Restraint? The Effects of Sexual Timing on Marriage Relationships. *Journal of Sex Research, 47*(1), 29-38.

Joel, S., & MacDonald, G. (2013). I'm Just a Jealous Person: Sources of Jealousy in Romantic Relationships. *Personality and Social Psychology Bulletin, 39*(3), 393-404.

Un Amor que Vale la Pena Esperar: Felices para Siempre

Libros

Amen, D. (2015). *Change Your Brain, Change Your Life*. Harmony.

Balswick, J., & Balswick, J. (2006). *Authentic Human Sexuality: An Integrated Christian Approach*. IVP Academic.

Brother Lawrence. (1691). *The Practice of the Presence of God*.

Carnes, P. (2012). *The Betrayal Bond: Breaking Free of Exploitive Relationships*. Health Communications.

Chapman, G. (1992a). *The Five Love Languages*. Moody Publishers.

Chapman, G. (1992b). *The 5 Love Languages: The Secret to Love That Lasts*. Northfield Publishing.

Chapman, G. (1996). *Loving Your Spouse When You Feel Like Walking Away*. Moody Publishers.

Chapman, G. (2004a). *Hope for the Separated*. Moody Publishers.

Chapman, G. (2004b). *The Family You've Always Wanted*. Moody Publishers.

Cloud, H., & Townsend, J. (2000). *Boundaries in Dating*. Zondervan.

Dobson, J. (2002). *Love for a Lifetime*. Tyndale House Publishers.

Eggerichs, E. (2004). *Love and Respect*. Thomas Nelson.

Eldredge, J. (2016). *You and Me Forever*. Revell.

Eldredge, J., & Eldredge, S. (2016). *Love & War: Finding the Marriage You Dreamed Of*. WaterBrook.

Un Amor que Vale la Pena Esperar: Felices para Siempre

Eldredge, J., & Stasi. (2005). *Captivating: Unveiling the Mystery of a Woman's Soul.* Thomas Nelson.

Gottman, J., & Silver, N. (2015). *The Seven Principles for Making Marriage Work.* Harmony Books. *(Note: This title appears multiple times; one citation is sufficient.)*

Haviland, J. (2014). *Exposing Soul Ties.* Destiny Image Publishers.

Johnson, S. (2008). *Hold Me Tight: Seven Conversations for a Lifetime of Love.* Little, Brown Spark.

Johnson, S. (2013). *Love Sense: The Revolutionary New Science of Romantic Relationships.* Little, Brown Spark.

Keller, T. (2011). *The Meaning of Marriage.* Penguin.

Laaser, M. (2009). *Healing the Wounds of Sexual Addiction.* Zondervan.

Levine, A., & Heller, R. (2010). *Attached: The New Science of Adult Attachment and How It Can Help You Find – and Keep – Love.* Tarcher Perigee.

Ortberg, J. (2018). *Eternity Is Now in Session.* Tyndale.

Parrott, L., & Parrott, L. (2015a). *Saving Your Marriage Before It Starts.* Zondervan.

Parrott, L., & Parrott, L. (2015b). *The Good Fight: How Conflict Can Bring You Closer.* Worthy Publishing.

Stormie Omartian. (2014). *The Power of a Praying Wife.* Harvest House Publishers.

T. Jakes, B. (2013). *Power for Parents and Partners: Building Spirit-Filled Homes.* Destiny Image.

Un Amor que Vale la Pena Esperar: Felices para Siempre

Tish Harrison Warren. (2016). *Liturgy of the Ordinary: Sacred Practices in Everyday Life*. IVP Books.

Townsend, J. (2019). *People Fuel: Fill Your Tank for Life, Love, and Leadership*. Zondervan.

Townsend, J., & Cloud, H. (1992). *Boundaries*. Zondervan.

Townsend, J., & Cloud, H. (2000). *Boundaries in Dating*. Zondervan.

Trimm, C. (2013). *Commanding Your Morning*. Charisma House.

Trimm, C. (2014). *Prevail: Discover Your Strength in Hard Places*. Charisma House.

Valenzuela, Alfonso. (2005). *Youth in Love*. Living Ministry, INC.

Warren, T. H. (2016). *Liturgy of the Ordinary*. IVP.

Religiosos de Elena G. de White

White, E. G. (1898a). *The Desire of Ages*. Pacific Press Publishing.

White, E. G. (1898b). *The Desire of Ages*. Pacific Press.

White, E. G. (1905). *The Ministry of Healing*. Pacific Press.

White, E. G. (1930). *Messages to Young People*. Review & Herald.

White, E. G. (1952a). *Messages to Young People*. Review & Herald Publishing.

White, E. G. (1952b). *The Adventist Home*. Review & Herald Publishing Association.

Un Amor que Vale la Pena Esperar: Felices para Siempre

White, E. G. (1980a). *The Adventist Home*. Review & Herald Publishing Association.

White, E. G. (1980b). *The Adventist Home*. Review & Herald.

White, E. G. (1990a). *Steps to Christ*. Review and Herald Publishing Association.

White, E. G. (1990b). *The Adventist Home*. Review and Herald Publishing Association.

White, E. G. (2002a). *Messages to Young People*. Pacific Press Publishing Association.

White, E. G. (2002b). *Steps to Christ*. Pacific Press Publishing Association.

White, E. G. (2002c). *The Adventist Home*. Pacific Press Publishing Association.

Wilson, J. (2020). *Together Again: Reconnecting with Your Spouse*. Lifeway.

Valenzuela, A. (1998). *Juventud enamorada*. [Libro fuera de publicación].

Valenzuela, A. (2005). *Youth in Love*. [Libro fuera de publicación].

Recursos en línea, podcasts y artículos web

Biblestudyforyou.com. "30 Powerful Bible Verses About Unequally Yoked (Full Commentary)."

Free Bible Study Hub. (2024). "43 Scriptures on Dating and Courtship." Retrieved from FreeBibleStudyHub.com.

Un Amor que Vale la Pena Esperar: Felices para Siempre

Gottman Institute. (2019). Small Things Often Podcast.

Serious Faith. (2009, September). What does it mean to be unequally yoked to the world? Retrieved from https://www.seriousfaith.com/2009/09/question-what-does-it-mean-to-be-unequally-yoked-to-the-world/

https://media.focusonthefamily.com/boundless/pdf/marriage-inventory.pdf

Biblical Texts and Classic Works

The Holy Bible, King James Version (KJV). Available at King James Bible Online.

www.ingramcontent.com/pod-product-compliance
Lightning Source LLC
Chambersburg PA
CBHW070750020526
44115CB00032B/1605